Accountability: A Public Law Analysis of Government by Contract

"十二五"国家重点图书出版规划

法学译丛·规制、竞争与公共商事系列

社会责任
合同治理的公法探析

[英] A.C.L.戴维斯（A.C.L.Davies） 著

杨 明 译

中国人民大学出版社
·北京·

献给我的父母

译丛序

翻译不仅仅是获得新知的方式，还是一个塑造世界范围内共识的途径。即便是日常交往之中的书信、对话的翻译，也对我们的观念世界的改变、沟通乃至联合有着至为重要的价值。[①] 不用说，翻译经典、良好撰写的专著，是藉以迅速地了解思想者对知识的系统思考的重要途径。之于中国，翻译更是学术研究的一个重要知识来源，自魏源以降，至严复为倡，藉由翻译所获得的新知，其对中国的影响，人人皆悉。

中国法律和法学，对于翻译，相比其他学科，可能尤为依赖。今天我们的法律传承，系移植之物。自清末变法承受至今，不过一百多年。从概念到推理，莫不舶来，即便是共和时代，也无非是藉由苏联而学习的大陆法系变种。虽然随着全国性的外语教学，以及开放国门和更多的直接交流，对翻译的依赖程度有所下降，不过严整、系统地将已有的学术成果翻译为中文，其之于学术发展的重要性程度仍然不可小视。其实，各大文明莫不重视翻译，以英美法学为例，其对非英语的，尤其大陆法系，包括拉丁、法德文献的翻译，从古至今，从经典到时令，在全面、完整、准确方面，完全超过我们。今天我们可以非常简单地在英语世界中找到几乎能够想到的任何经典法律文本，甚至包括我们中国的古代典籍。直接交流能力的提高并不能，也不会替代翻译的必要。

一个学科的活力和发展，尽管取决于多种因素——社会、政治、时代，以及不可或缺的人的努力，但作为一种思想产品，没有植根于人类的普遍经验，没有与之共鸣、呼应的知识积累，很

---

① See Pascale Casanova, *The World Republic of Letters*, translated by M. B. Debevoise, Harvard University Press, 2004.

难持续。经济法学在 20 世纪 80 年代有过诸多的翻译，从苏联到日本，不断地有学术作品进入，给经济法学的发展平添了思想的动力和理论争议上的活力。而之后，除了勇于探索的自我努力之外，仅有零零碎碎的文章、短文翻译进入中国，并无太多的系统知识引入，这在一定程度上成为了学科发展的瓶颈。

这套丛书的翻译，首先是基于这样的考量而组织的。我们将其设定为经济法的核心领域：规制（regulation），尤其是经济规制，以及与之相关的竞争（antitrust）和公共商事（public business）。在这些领域中近三十年来的学术文献，构成了本套丛书的选择范围。

国际法学界对规制的研究，20 世纪 70 年代是一个重要的分水岭，这当然受到了政治行动、社会思潮的影响。1950—1970 年是规制，尤其是社会规制大幅度增长的年代，其研究成果因此而不断增加；而 20 世纪 80 年代开始的私有化和放松规制，直接影响到了学界的学术兴趣转移。但不可否认的是，70 年代在理论上以规制过失（regulatory negligence）① 的提出为前沿研究的代表，以及以形成教科书为代表的系统化研究②，其高度至今仍然未能达到或超越。90 年代之后由国有企业私有化带来的政府职能社会化、市场化，又被称为“新公共管理”（NPM，New Public Management），其间出现的研究大多集中在管理学、行政学等领域，不过主流经济学界反倒是因为法国规制学派的崛起，并且和政治学不断融合，出现了大量的规范和实证分析，成为一个转型。而法学界仍然受制于自身的传统和时代，并未对这些命题作出过多的回应。这间接导致了整体对于规制的研究趋向于薄弱。而最近十多年来重新兴起的研究，尤其是一系列关于规制的学术期刊的

① See Bruce L. R. Smith and D. C. Hague, eds., *The Dilemma of Accountability in Modern Government*: *Independence versus Control*, New York: St. Martin's Press, 1971.

② See David Boies and Paul R. Verkuil, *Public Control of Business*: *Cases, Notes, and Questions*, Little, Brown and Company, 1977.

出现，极大地扩充了知识库。但是，反垄断的研究则因为芝加哥学派的影响而呈现出一枝独秀的局面，尽管其中并没有根本的范式突破。而我们的中文学术界则基于社会、政治等原因，仍然停留在这之前的种种思潮之中。这样的学术背景，尤其凸显了这套丛书的意义。

不过，即便大多数学者容易随时代而变动，受制于流行，也仍然存在诸多冷静、客观的学者所从事的独立分析和讨论，并和自己的研究进路相结合。这样，或基于固有理论而延伸，或基于现实变化而应对，研究规制有不同的进路。本套丛书的选择原则则是优先基于第一种情形而进行的，即时间跨越幅度较大，但倾向于独立视角的理论研究。可以说，本套丛书都是规制、竞争和公共商事领域的世界级的学术名著，对理论发展具有重要影响力，并且是研究这一问题不可或缺的标志性的参照书。这包括有基于关系型契约理论而提出的《规制合同》（Regulating Contract）；有基于公私划分而探讨当代社会最重要问题的《公共价值与公私之分》（Common Value and the Public－Private Divide）；有对规制最核心命题的理论探讨——《规制中的公共利益》（The Public Interest in Regulation）；有一般框架式的公认权威总结——《理解规制：理论、战略和实践》（Understanding Regulation：Theory，Strategy，and Practice）；分别从不同的视角作出的，对公共商事合同的讨论——《新公共合同：规制、回应性及理性》（The New Public Contracting：Regulation，Responsiveness，Rationality）和《社会责任：合同治理的公法探析》（Accountability：A Public Law Analysis of Government by Contract）；从历史视角探讨规制和政治运动和思想之间关系的名著——《规制政治的转轨》（Regulatory Politics in Transition），以及让我们感到非常兴奋的险些被阴差阳错漏掉的反垄断法名著——《反垄断法悖论：自我交战的政策》（The Antitrust Paradox：A Policy with Itself）。

译事之难，自不待言，尽管追求"信、达、雅"的目标在今日中国似乎是自讨苦吃，不过我们还是在选择译者上设定了标准，以确保翻译的水准。北京大学法律经济学研究中心在组织本套丛书的翻译中，深知法律语言和概念的鸿沟，故此要求译者必须有双重的背景：第一，取得过至少一个法学学位，无论中外；第二，至少在英语国家或地区学习过一年以上法律或者相关学科。当然，这仅仅是译者的门槛，但令我们兴奋的是，诸多的青年英才，无论从事实务或者研究，均保持了对理论的高度热爱，令我们的翻译阵容非常耀眼。既有如我的同事杨明教授等加盟，也有已完成诸多翻译工作的新生代襄赞，在翻译工作已经成为"公益"事业的时下，不由得令人对"爱智者"的传统增加了若干信心。

　　这套丛书从开始筹划，到最终杀青，期间延宕颇长。对我们所造成的延误心存愧疚，尤其是对原作者、版权商以及译书的出版人——中国人民大学出版社，唯愿翻译的文本质量，以及学界的抬爱，能够补偿些许。同时，感谢北京大学法治研究中心，作为我们长期的合作伙伴，加入了对本丛书翻译的支持。

　　是为序。

邓峰

北京大学法律经济学研究中心

北京大学法治研究中心

总编语

近年来，各种类型的合同已被政府用于提供公共服务，政府对合同的依赖可以说已经达到使得合同成为公共治理的一种主要工具的程度。这一转变为律师和政策分析者提出了关于适当的问责机制的重要问题。一方面，目前缺乏对政府缔约监督；另一方面，何种类型的规制是可取的，以及规制应当采取的形式，也都很少达成共识。

"合同治理"即安妮·戴维斯此书讨论的问题。她的目的之一，就是通过探析政府的内部合同，来促进对公法合同的理解，为此，她对英国国民健康保险（National Health Service，NHS）的缔约进行了实证分析。其另一目的在于为运用公法对政府缔约进行更为全面的规制而辩论，为此目的，戴维斯博士还为进一步的理论与实证研究描绘了一幅蓝图。

政府对以与私人供应商订立合同的方式提供公共服务的持续增长的依赖，使得戴维斯博士这一深入细致的法律社会学研究非常的适时。

基斯·霍金斯（Keith Hawkins）

致 谢

　　如果没有英国国民健康保险的工作人员在百忙之中抽空回复我的问题，这一研究就不可能完成。因为我已承诺不透露他们的姓名，所以无法将他们列明，但我非常感激他们的耐心与关注。本书部分源于我的博士论文，因此，我也要感谢我的导师——丹尼斯·加利根（Denis Galligan），以及论文评审人——马克·弗里德兰（Mark Freedland）和托尼·普洛塞（Tony Prosser），感谢他们富有建设性的意见。马克·弗里德兰先生还是本书初稿的阅读者，非常感谢他帮我理清了一些问题上的思路。当然，对于本书中的错误和遗漏，我仍秉持文责自负的原则。虽然尝试用一个名单列出所有给我提供帮助的牛津大学的朋友和同事，尤其是万灵学院（All Souls）的朋友和同事是不合适的，但我感谢他们，尤其是斯蒂芬·克里特尼（Stephen Cretney）和派瑞格林·霍尔登（Peregrine Horden）。最后，我要特别感谢我的父母，本书将献给他们，感谢他们一直的支持与鼓励，促使着我精益求精。

A.C.L. 戴维斯

2001 年 3 月

前　言

　　长久以来，政府就已经在使用合同。然而到了近代，政府使用合同的方式变得更为新颖、多样化。政府与私有企业之间订立的合同在其公共治理中扮演着愈发重要的角色。在民间融资计划（Private Finance Initiative，PFI）中，私有企业通过非常复杂的合同为公共部门提供资本资产与相关服务，该模式现已成为新建工程（比如监狱和医院）的主要融资途径。同时，合同也多次被政府用于重建其内部关系。比如，根据续阶计划，政府部门按要求分离其运行职能、将之授予独立的代理机构，这些政府部门将会通过被称为"框架文件"的类似于合同的协议来管理他们与代理机构之间的关系。由此可以看出，合同已然成为现代政府治理的核心方式。

　　"合同治理"的兴起也招致了一些批评，来自公职律师的尤甚。正如丹提斯（Daintith）指出的，适用于传统模式的政府活动，比如立法或执法，完全不同于适用于合同或所有权的责任机制。立法议案受到议会的审查，并且依据越权原则，法院能够监督行政机关依立法委任权行为。与此不同，政府有签订合同的固有权力（Craig 1999；Turpin 1989），并有权在一定限度内改变它的内部组织结构（见 Freedland 1994）。因此，绝对所有权模式的政府就能规避议会的审查，同时也限制了法院的监督。一般来说，政府内部的合同是不具有法律强制力的，法院也认为政府与私有企业间的合同主要是私法问题：他们不愿对其进行严格的公法审查（Craig 1999；Turpin 1989）。

　　虽然各方都比较明确合同治理欠缺公法审查这一点，但对于应当如何解决这一问题，却很难达成一致。一些评论者认为可以通过发展公法规则来规制政府合同（Freedland 1994，1998；

Harden 1992)：就如同法国法的模式（见 Brown and Bell 1998）。但是这些建议并没有经过详细的论证：法律著述倾向于不解释英国公法具体应当怎样回应合同化的问题，而且政府内部关系的管辖权也是一个颇具争议的话题。此外，对于在私法领域已经具有执行力的政府合同，那些遵从戴西传统（Diceyan tradition，对比Dicey 1885）的学者们会对合同的公法规制提出强烈反对，他们担心这样的法律会产生行政机关的特权（Harlow 1980），并且由于英国法不存在明确的公私法划分，缔约双方会因试图明确这一法律的界限而产生诉讼（见 Allison 1996；Oliver 1999）。

本书从两个相互关联的方面对"合同治理"的争论做出了一点贡献。首先，本书进一步明确了一类特别的政府合同的公法规制中可能的内容，即政府的内部合同。通过对英国国民健康保险的合同进行实证分析，本书明确了缔约双方面临的问题，并运用公法的原则对这些问题提出了规范化的解决方案。其次，虽然本书并不试图解决有关政府缔约领域更为全面的公法规制的优势的理论争论，但是本书所提出的理论论证和实践计划仍可以说明公法规制问题是值得探讨的。当然，内部合同才是本书研究的直接对象——即使在内部合同中，很多合同身处的环境也可能与英国国民健康保险所面临的情况相异——但本书的研究的确为其他类型的政府合同提供了一幅现实的实证和理论的研究蓝图。

为明确本书的范围和目的，接下来将对本书进行提纲式的介绍。第一章将本研究限定在了有关"合同治理"讨论的大背景之下，这一章首先介绍了现代政府运用合同的多种形式，进而提出了围绕合同治理发展的三个主要争议，包括："宪法性法律"对政府在特定情形下决定使用合同进行制约之不足；"行政法"对政府缔约行为进行制约之不足；以及确保政府在缔约过程中考虑更为广泛的公共利益的规制之缺乏。

第二章介绍了政府内部合同这一研究核心。包括政府部门与其代理机构之间的框架性文件，财政部与开支部门之间的公共服务协议，以及地方政府与其"垂直服务机构"之间的服务协议。

更为重要的是，这一章介绍了本书的案例研究：英国国民健康保险中的购买方与提供方之间的合同。

第三章讨论了一些有关为内部合同发展而设的特别公法规则的理论问题。法律著述认为缔约双方会遇到两个问题：购买方会试图干预提供方，而非给予其一定的自主权；另外，提供方可能不认为自己有服从合同目标的义务。对这些问题的一个回应就是，政府内部的合同化在本质上是有缺陷的，应当被放弃（参见 Foster and Plowden 1996；Vincent－Jones 1994a）。但由于合同现已成为行政领域一个既成的特征，本书将专注于研究使合同更为有效的方法。本书将探讨两种方法：一是通过私法规制，执行内部合同；二是构建通过公法规制，执行内部合同的框架。私法似乎并不能为内部合同的缔约方所面临的一些问题提供可接受的学理解决方案。此外，私法规制与法院的强制执行密切相连，而公法规制却更具吸引力，因为它具备发展新规则和替代性纠纷解决机制的灵活性，从而更能适应内部合同的需要。

第四章开始了通过设定政策来指引内部合同的公法规制框架的发展过程。本章认为政府合同可被视为责任机制，尤其是提供方对购买方的责任。因此，规制的任务之一就是通过设立规则以使责任机制公平有效。推进问责成为指导性政策是极具吸引力的，因为作为公法的核心价值之一，责任为将新兴的合同化改革归入我们所熟悉的公法领域构架了桥梁。

第五章对责任进行了更全面的分析，以反映第六至八章中讨论的有关英国国民健康保险合同的实证材料的丰富性和多样性。合同关系可能呈现不同形式，其中有两种极端的形式，即反映购买方为获得最好的交易而"操纵市场"的一种正式、短期的关系的硬性合同，和反映购买方获得提供方的良好履行而利用劝诫策略的一种不太正式的、长期的关系的软性合同。当要求提供方承担合同责任时，这两种模式也被用来对英国国民健康保险购买方的行为进行分类。此外，本章还阐述了在英国国民健康保险案例研究中所使用的方法。

　　第六章通过探究围绕购买方和提供方之间合同的责任机制来呈现实证数据。购买方要对中央政府承担严格责任，对病人和公众，却承担着相对较弱的责任。有改革者认为应该给予购买者酌处权以使得他们可以追求自己的收益，但这并没有在现实中得到遵行。在这些实证研究的基础上，作者提出了两个重要的关于有效授权的原则。本章还提到了明确购买方和提供方角色的问题，虽然购买方并未试图对提供方进行"微观管理"，但双方在特定情形下的角色定位仍存在争议，为减少此类争议，本章提出了一些建议。最后，本章分析了英国国民健康保险合同与其他适用于提供方的责任机制的相互关系，一般来说，购买方非常依赖其他责任机制，他们认为由这些机制所解决的问题无须在他们的合同中涉及。这些数据将被用来对同种环境下不同形式的责任机制的相互关系进行明确的成本收益分析，以给出哪些因素应被考虑的相关建议。

　　第七章集中讨论了在第五章中所提到的硬性和软性合同的缔约方在合同问责程序中的关系。基金持有人倾向于依硬性合同模式进行谈判和起草合同，但在履行合同时却在硬性和软性合同之间徘徊。卫生局甚至在同一个合同中也会混用硬性和软性合同的标准和谈判方式，在履行阶段，他们则使用介于两种合同之间的方式。进而，本章将展开对这些关系的公法分析，即考量将我们所熟知的正当程序原则适用于这些关系的方法。另外，本章还特别注意正当程序使用的模型化，以使得它可以适合于由数据所呈现出来的各种不同类型的合同关系。

　　第八章讨论了英国国民健康保险合同的履行问题。本章提出的疑问是：购买方能否通过设定筛选标准并确保提供方遵守这些标准，以使合同问责程序更为有效。数据显示，购买方在要求践行他们的要求时的艰难是由如下一些原因造成的，包括在英国国民健康保险的背景下缺乏有效的市场竞争压力，难以通过仲裁等第三方方式要求履行合同。且无论购买方采用硬性或软性的履行策略，这些因素的影响都是重大的。此外，在数据的基础上，本章还提出了许多改革建议。比如，在缺乏市场竞争的情况下，购买方和提供方可以通过争端解决机制来增强合同对他们的约束。

第九章综合了研究中所提出的各种规则，并试图将其汇总以适用于其他类型的内部合同。作为本书的最后一章，本章还讨论了本书的研究成果是否能对"外部"政府合同提供借鉴，并为将来的实证、理论研究描绘了具有重要意义的蓝图。

目 录

第一章

合同治理

合同治理是一种简便的表达方法，这个词的内涵是什么？这种现象为什么重要？本章第一部分的目的就是描绘出"合同治理"可能的范围。本章的讨论并不是说所有提到的合同都有相同的特征，也不是说法律应当以相同的方式对其进行规制，而是说这些问题都是需要在对合同治理的规制提出意见之前予以澄清的，即使这项任务超越了本研究所设范围。本章的第二部分对有关合同治理的三个批判进行了探讨，即对政府可使用合同场合上控制的缺乏，对政府缔约过程中行为的控制的缺乏，以及对"公共利益"价值在政府合同中的地位的担忧。这三点也一定程度上引出了研究政府内部合同需要讨论的问题。整体上来说，本章为第二章提供了重要的背景，而内部合同涉及的具体问题也将在第二章中进行详细的研究。

政府对合同的使用

我们至少可以确定六种（虽然有些变化）政府参与的缔约活动：采购；与私主体订立提供公共服务的合同（"外包"）；民间融资计划以及其他公私合作；政府与自治组织之间的"协议"；政府内部的各种合同，比如英国国民健康保险合同或续阶计划框架文件；雇佣合同。

采购合同可能是最明确和为人所熟悉的政府合同。① 采购通常

---

① 主要的指导性文件是财政部的《采购政策指南》（Procurement Policy Guidelines, 1998d）英国财政部的中央采购机构也发布了一系列详细的指导性文件。参见 Arrowsmith（1992；1996）；Turpin（1989）。

被用来指中央政府为购买商品（比如电脑系统、武器和办公家具）、服务（比如提供管理咨询或者法律咨询服务）以及建筑（建筑物和道路的建设）而订立的合同（Turpin 1989）。采购职能传统上由中央政府内部的单个部门、机构承担。近期的《格申评论》发现不同部门的交易差别非常大，于是建议创设一个中央机构，即英国商务部，来监督各部门的行为，并在适当的时候为多个部门进行集中采购（财政部 1999b；并见财政部 1999a）。

超过相关资金限制①的合同的招标程序必须符合欧洲关于公共采购规则的规定（参见 Arrowsmith 1996；Fernandez Martin 1996）。② 这些规则是为了保证成员国不会为保护本国企业而实施歧视，因此，该规则鼓励政府使用透明的招标程序③，并限制政府将某些企业排除出招标程序④或拒绝其投标⑤的理由。从本质上来说，政府应当依据事先告知投标者的标准⑥，接受报价最低的投标或者是"最具经济优势"的投标。本章将在下文中阐述招标机制的一些典型特征，但不会对这一机制进行详细描述。采购程序以与选定的提供方签订有法律执行力的合同为终结。在竞争市场中

---

① 对于中央政府机关，商品和服务合同资金限制是（从 2000 年 1 月 1 日至 2001 年 12 月 31 日）93 896 英镑，建筑合同则为 3 611 395 英镑。这些信息可见于财政部网站：http：//www.hm-treasury.gov.uk/pub/html/docs/cup/ecpro/main.html。

② 该规则的第 28、43、49 条是可以适用的，但实践中以下指令（修订版）也非常重要：关于公共建筑的 93/97 号指令（1993 OJ L199/5），关于公共物资的 93/36 号指令（1993 OJ L199/1），关于公共服务的 92/50 号指令（1992 OJ L209/1），关于公共部门补偿的 89/665 号指令（1989 OJ L395/33）。欧盟委员会近期提议将这些指令汇总为一个指令，并通过改革简化和一体化这些要求（欧盟委员会 1996；2000）。这些指令通过已修订的 1991 年《公共建筑合同规章》（SI 1991/2680）、1995 年的《公共物资合同规章》（SI 1995/201）以及 1993 年的《公共服务合同规章》（SI 1993/3228）在英国法中得到执行。这是一个不同但相似的管理公共设备采购业务的机制，但这并非本书讨论范围。

③ 见 SI 1995/201，r. 9-13.（本章将用 1995 年的《公共物资合同规章》作为范例。）

④ SI 1995/201，r. 14-20.

⑤ SI 1995/201，r. 21-3.

⑥ SI 1995/201，r. 21.

购买如办公设备一样的标准化产品所采用的采购合同相对更倾向于离散①，而那些如同需要多年才能设计建立起来的武器体系一样的采购合同，则可能相关性更强。上文提到的第二和第三种政府合同，即外包和民间融资计划，可被认为是更为高级和复杂的采购。

20世纪80年代，政府日益强调"外包"：邀请私有企业对原本由政府提供的服务进行投标（参见 Foster and Plowden 1996；Harlow and Rawlings 1997），且这种情况在中央政府和地方政府都存在。这个政策反映了源于公共选择理论对政府提供公共服务的不信任（Downs 1967；Niskanen 1971；Tullock 1965）：私有企业提供服务更可取源于他们（基于追求利润的动机）更高效并且更关注消费者（Hartley and Huby 1986）。而尽管言语暧昧，但工党政府早自1997年起就在推行这一政策。

中央政府所有部门（包括下文讨论的续阶计划中的机构）的活动都需要接受常规审查，审查的核心问题就是政府的某些职能是否可以外包给私有企业（财政部1991；公共服务和科技办公室1993），如今这一程序仍在继续，每五年这些部门活动就得接受一次审查，以确定这项活动是否应当被废止、私有化、内部重构、外包（通过向私人招标），或者进行市场检验（让现有的内部员工与私人投标者进行竞争）（英国内阁1998a），这一程序的指导性原则就是达到"物有所值"，即以"最优价格购买到更高质量的服务"②。

地方政府也需要进行市场检验和外包。③ 1980年的《地方政府规划与土地法》第三章规定政府采购必须进行竞标。最初这一

---

① 这一术语是指缔约方之间维持着一种低信任度、短期的、相互独立的关系，"相关性"则相反，它是指缔约方之间维持着高信任度、长期的密切关系。这种对契约关系的二分法，并在术语上加以区别，常见于法律社会学的研究文献中。比如，见 Flynn 等（1996）；Fox（1974）；Macneil（1974）；Sako（1992）。第五章将对此做出进一步的讨论。

② 兰开斯特公爵郡大臣的发言，1997年11月《议会记事录》，第94—5栏，第30卷。Statement by the Chancellor of the Duchy of Lancaster, Hansard vol. 300, col. 94 - 5 (4 November 1997).

③ 关键文件包括环境部（1991；1996）。

法令仅适用于建筑和维修工程，但是后续的法律和次级规定扩大了这一法令适用的范围，使其适用于垃圾回收和法律服务。① 地方政府按要求需允许私人承包商投标以与其内部提供者或者"直接服务组织"进行竞争，且地方政府也出台了越来越多细化的规定以确保直接服务组织与私人投标者能够进行公平竞争。②国务大臣有权向政府发布指令要求他们遵守这些规定。③

工党取消了一些地方级别④有关外包的明显的强制性因素，虽然这些变化的很多方面只是表象上的（Vincent-Jones 2000）。新的体制围绕着"最佳价值"的概念，即 1999 年《地方政府法》第3（1）规定："一个具有最佳价值的政府必须做出如此的安排，使得其职能的执行能做出持续性改进的同时兼顾经济、效率和有效性。"政府行为需要接受常规审查⑤，审查的问题包括：某一项具体行为是否达到了绩效目标，以及与私有企业和其他官方部门相比他们的表现如何。⑥ 他们还必须提交一份年度"最佳价值绩效规划"，这一规划必须经过审计⑦，并解释他们预期如何在现有体制下履行职责。⑧ 虽然政府没有明确的义务进行外包，但是在不参与市场检验的情形下，他们能否达到"最佳价值"的目标是令人怀疑的（DETR 1999：paras. 15 - 50，尤其是 para. 36）。并且国务大臣可能会依 1999 年法案第 15 条发布指令，强制他们履行"最佳价值"义务。

---

① 见第二章。

② 见，比如，1993 年地方政府（直接服务组织）（竞争）法案（SI 1993/848）。相关讨论见 Harlow and Rawlings（1997）。

③ 1980 年《地方政府规划与土地法案》，第 19A—19B 条；1988 年《地方政府法案》，第 13～14 条；已修正的 1992 年《地方政府法案》。

④ 参见 1999 年《地方政府法案》；DETR（1998b；1999）。

⑤ 按 1999 年法案第 5 条和地方政府（最佳价值）绩效规划与审查 1999 年令（SI 1999/3251）。

⑥ 这些目标是根据 1999 年法案第 4 条所设：见地方政府（最佳价值 best value）绩效指标 2000 年令（SI 2000/896）。

⑦ 1999 年法案，第 7 条。

⑧ 依照 1999 年法案第 6 条和地方政府（最佳价值）绩效规划与审查 1999 年令（SI 1999/3251）。

保守党政府对合同进行创新性使用的新举措，就是将它作为通过资本计划向私人融资的手段，即民间融资计划。这种类型的实验性方案始于 20 世纪 80 年代，并在 1992 年正规化为一个项目（Freedland 1998：290）。[①] 民间融资计划使得政府不需要预先付款就能开始新的建设项目，这样至少看上去缩减或维持了公共开支（Freedland 1998：299）。有观点认为民间融资计划能使公共部门利用私人部门技能；与此同时，也将重大工程的许多风险转移给了私人部门（财政部 1997b）。在工党政府的支持下，民间融资计划仍在继续运作，现在被归入更广泛的"公私合作"（PPPs）框架下（DETR 1998a；财政部 1997b；1997c；1999c；2000）。[②]

弗里德兰（1998）描述了三种不同的民间融资计划合同：第一种是，私有公司提供资本资产，并将其出借给公共机构。第二种是私有公司提供资本资产，并将其出借给公众，比如弗里德兰所举案例，公司建造桥梁，然后向机动车驾驶员征收通行费。第三种是前两种模式的结合，由私有公司提供资本资产，并从上述两种渠道都获得一部分收入。资本资产的提供将此类合同与标准采购合同相区分，值得注意的是，私人承包商在此类合同中的参与更为全面。一个修建医院的合同可能要求私人承包商承担一定年限的维修义务，并提供打扫卫生或清洗衣物一类的服务。事实上，近期的指导意见都强调要按照提供服务（比如对建筑物长达 30 年的维修期）而非提供资产（比如建设一栋建筑物）的条款来起草这些合同：

民间融资计划使政府部门和机构从资产的所有者和运营者变为从私人部门购买服务的购买者。私有企业则变为长期的服务提供者，而非仅仅是前期资产的建造者，他们承担了设计、建造、

---

① 见英国财政大臣秋季声明（见 Hansard，Vol. 208，col. 996（1992 年 11 月 12 日））。保守党政府的核心文件包括财政部（1993；1995b）。

② 其他种类的公私合作包括各种形式的私有化和政府服务的商业利用（财政部 2000）。公私合作的谈判过程可能得到英国合伙公司的支持，它本身也是财政部设立的公私合作企业。

融资和运营的责任，以提供公共部门所要求的服务。（财政部1997b：para. 3.01）

政府与私人自治组织达成的协议为另一种其与私人合作方订立的"合同"①。政府一方面保证这些组织的自治，比如，他们可以控制参与特定行为的人员，同时要求这些组织承担规制其成员行为的责任。这一协议潜在的强制力在于，如果自治组织未能控制其成员，那么政府将会直接规制这一领域。这些协议虽然不太可能作为具有法律执行力的合同而产生效力，但仍得到了一些法律认可。比如在 R v. Panel on Take-overs and Mergers, ex p. Datafin② 案中，自治组织就被认为是在代表政府履行职能，而这一事实就足以要求自治组织接受司法审查，并接受公法规则和原则的规制。③ 但有人认为这些协议是"合同治理"的边缘实例，这种"合同"本身可能就是隐蔽的，只是评论者对此种情形的合理化解释，而非当事人之间的明确交易。

政府与医学总会（即规制医务职业者的机关）的关系，就反映了上述语境中合同的具体运用。传统上，医学总会可以控制这一职业的准入和离开，以及医生的行为标准（参见 Smith 1994；Stacey 1992）。作为交换，政府赋予医生和医学总会实质的自治权，甚至在政府支持的英国国民健康保险计划中都是如此，政府与这一职业所谓的协议顶多可以认为是模糊不清的。然而近年来，政府对公共④和私人⑤的医疗服务提供者都引入了更大强度的管

---

① 关于"协议治理"，见 Turpin（1999：404-8）；关于自治参见 Baldwin and Cave（1999：ch. 10）；Ogus（1994：107-11）。

② 1987 QB 815.

③ 这引起了一个有意思的问题，即这些当事人之间的"合同"是否应当被归类为下文所讨论的内部合同，因为双方当事人都是公共部门。然而，很重要的一点是并非所有自治组织都可被归类为公共主体：比如，R v. Disciplinary Committee of the Jockey Club, ex p. Aga Khan, 1993 1 WLR 909. 进一步讨论，见 Craig（1999：774-8）。

④ 见 1999 年《卫生法》。见卫生部（1997；1998a；2001）。相关讨论见 Davies（2000）。

⑤ 见 2000 年《医疗标准法》。见英国国民健康保险 E（1999a；1999b）；卫生部（2000）。

制，而且明确提出如果医学总会要维持自治特权就必须达到其所希冀的在责任、透明度等方面的标准（卫生部 1999：ch. 3）。其结果就是政府与医学总会之间的协议越来越明显地"合同化"了，尽管如此，这类协议也只能暂时地归入政府合同里。

　　另一种非常不同的"政府合同"（第二章将进行详细讨论）是政府内部不同分支机构之间达成的协议。比如续阶计划机构与其上级机关达成的框架协议①，地方政府与直接服务组织达成的服务协议②，财政部与政府部门在综合支出审查③之下达成的协议，以及如英国国民健康保险合同一样的"内部市场"合同。④

　　因为协议的当事人缺乏独立的法律人格，所以这些内部协议并不都是私法上具有执行力的合同（Freedland 1994：89；Harden 1992：46）。⑤ 这一点所隐含的内容是本书关注的一个重点，第三章将进行详细讨论。有评论者质疑这种不具有执行力的合同关系与他们之前的上下级关系是否有实质的区别，因为购买方可能仅仅是继续在管理提供方，而非在合同约定的范围内赋予其自治权。然而，这一观点的问题在于，此类合同关系可能在从离散到相关的整个范围内都存在⑥，仅在相关性较强的合同关系中可能难以与管理关系相区分（见 Sako 1992），只因某种关系较为离散就认为其合同化了当然是错误的，这个问题将在第二章再次讨论。

---

　　①　续阶计划项目始于伊布斯报告书（Ibbs Report）（Efficiency Unit 1988）。同见于英国内阁（1998b）；英国首相（1994；1995）。

　　②　最初是在强制竞标机制（Compulsory Competitive Tendering, CCT）下，1980年《地方政府规划与土地法案》；1988年《地方政府法案》；1992年《地方政府法案》。相似的协议可能在"最佳价值"机制中产生：1999年《地方政府法案》，见 DETR（1998b；1999）。

　　③　也称公共服务协议（PSAs）。见财政部（1998a；1998b；1998c）。相关讨论见 Daintith and Page（1999：192）。

　　④　依照 1990 年《英国国民健康保险与社区保健法案》。见卫生部（1989b）。内部市场也产生于 BBC：见 Coffey et al.（1997）。

　　⑤　在英国国民健康保险中，受托人具有独立于购买方的法律人格，但是其法律执行力仍为法令所排除：1999 年《英国国民健康保险与社区保健法案》，第 4 条第 3款。

　　⑥　见第 3 页注释①。

最后一种政府合同是雇佣合同。[①] 英国国民健康保险、公营公司和地方政府雇员签订的都是常规的雇佣合同。然而令人疑惑的是，并非所有公共部门的员工都签订这样的合同。军队人员显然没有雇佣合同，公务员的职位也有相当的不确定性。[②] 事实上，政府工作人员的地位常常难以准确定位：他们的权利将依赖于法律条文的适用，比如说，他们会受益于许多法定保护雇佣的条款[③]以及反歧视法。[④]

有人强有力地主张为国家公务人员创设特别的规制机制（Fredman and Morris 1989），建立此种机制根本性的困难在于，这一机制是应当通过类推其他政府合同的机制，还是应当将其作为特别的问题来处理。长期以来，人们都认为雇佣合同与普通的商业合同在一般事实背景或法律上的权利义务方面都不同。因此，比如在采购合同语境下发展出来的规则，在适用于雇佣领域时应当保持相当的谨慎。

因此，"合同治理"是一种简称，代表着政府与另一个组织或个人协商签订协议的各种情形。其中一些治理形式有很长的历史（比如，雇佣合同和传统采购合同）；另一些是近期发展出来的，比如民间融资计划。一些具有法律执行力（比如依民间融资计划或"最佳价值"与私有企业签订的合同）；而另一些比如内部合同以及与自治组织签订的不具有强制执行力的"类合同"。当对"合同治理"提出规制建议时，这些以及其他的区别都是应当被考虑到的。的确，以同样的方式对待所有的政府合同是不合适的。这个问题将在第九章再次涉及。

---

① 关于一般的公共部门雇佣，见 Deakin and Morris（1998：182-8）。

② Cf. R v. Civil Service Appeals Board, ex p. Bruce, 1988 ICR 649；R v. Lord Chancellor's Department, ex p. Nangle, 1991 IRLR 343.

③ 1992 年《工会与劳动关系法案》，第 273～276 条；1996 年《雇员权利法案》，第 191～193 条。

④ 1970 年 Equal Pay Act《同酬法案》，第 1 条第 8 款；1975 年《性别歧视法案》，第 85 条；1976 年《种族关系法案》，第 75 条；1995 年《残疾歧视法案》，第 64 条。

争　论

一般来说，合同治理中许多问题都与内部合同相关，因而有关"合同治理"的争论构成了本书对政府内部合同进行研究的重要背景。下文将对三个主要的争论进行探讨：宪法性法律对政府在特定情形下决定使用合同进行制约之不足；行政法对政府缔约行为进行制约之不足；缔约过程中公共利益价值不能得到足够重视之危险。当然，这三个问题存在一定的重叠，这样分类只是为了便于阐述。

宪法性法律的控制

政府合同领域最根本的争论之一就是弗里德兰所说的，缺乏宪法性法律控制政府使用合同的情形（Freedland 1994）。从本质上来说，合同化是政府的事，议会机关并不需要通过与私有企业签订合同来提供服务，或者按照合同化的方式重构政府内部关系。

特平（Turpin）（1972：19）简单地解释了政府缔约权力的来源：

> 法律可能会授予部门执行者达成特定种类合同的权力，除此之外，王室保有一般性的授予法律之外的缔结合同的权力。

政府主张其有充分的权力来决定其内部组织结构，以实现政府内部执行组织化和合同化（Freedland 1994）。关于政府的缔约能力（以及其组织内部事务的权力）是否更宜被称为特权，法律著述中存在着一些争论。对特权性权力的一种理解认为，它们是君主特有的权力（Blackstone 1765 - 9：232）；另一种对"特权"这一术语的使用则更为宽泛，认为它包括所有非法律授予的政府的权力，无论普通公民是否可以行使这样的权力（Dicey 1885：350）。对"特权"这一术语的使用，虽在历史上不很准确，但仍然同现代政府一样是为了强调权力的范围，以及对该权力制约的薄弱，即"特权"带有浓厚的权力不受约束的色彩，而"能力"则并非如此（Daintith 1979；Freedland 1994：91 - 2）。①

虽然存在对政府合同的一些立法，但多数情形下，它们仅相当于对政府活动进行的有限的宪法性审查。② 这是因为它们倾向于不过重地约束对政府的授权。1994 年的《解除管制与外包法案》就是一个明显的例子。③ 该法并没有对政府外包服务规定一个强制性的机制，相反，它仅仅是要求部长们以类似于按照 Carltona 法则授予公务员以裁量权的方式，授予缔约方以裁量权，以此使得这一机制更为便利。④ 这可以说是对 Carltona 法则内在理性所持的一种傲慢态度（Freedland 1995）。此外，政府将这种法定权利与特权融合为一个"非常彻底的固有权力和权威以管理国家事务，尤其是国家财务"（Freedland 1998：292）。因此作为政府自我规制而存在的财政部指导规则，因其为这一领域的主要规制来源而很重要。

如果说在政府缔约过程中议会很难以立法者的身份出现，但它仍然保有一项从理论上来说可以发挥审查作用的功能。⑤ 它能够拒绝为政府提供其履行合同或者建立某个机构所需的资金，只是在实践中这是非常不可能的。议会在控制公共开支中扮演的是批准供给预算，并在预算的基础上通过《统一基金法案》和《拨款法案》的角色。正如麦克尔唐尼（2000：199）所解释的：

---

　　① 另外还可以对比 Harris（1992）和 Wade（1985：190 - 9）的观点。非常感谢 Paul Brand 帮我厘清对这个问题的理解。

　　② 这样例外的立法，传统上就只在地方政府领域规定。20 世纪 80 年代和 90 年代的强制性竞标政策规定的机制是比较严格的。但是即使是这个机制，也在工党的"最佳价值"框架下有所放松。

　　③ 同见 1990 年《政府贸易法案》和 1992 年《公务员（管理职能）法案》（参考 Freedland（1994））。

　　④ Carltona v. Commissioners of Works，1943 2 All ER 560；1994 年《放松管制与外包法案》，第 69 条和第 72 条。

　　⑤ 议会还对政府缔约活动起到事后审查的重要作用。特别委员会和公共账目委员会在国家审计局出具的报告的帮助下对特定项目进行仔细的研究。这些报告可能可以为将来提供借鉴，但是它们并非"宪法性法律的控制"，因为它们一般不给予议会审查拟建项目的机会。

第一章 合同治理

自 1982 年起就有确定的三天用来审查预算。下议院只可缩减预算，但如若当时政府人员占有总人数的绝对多数时，进行缩减都是不可能的……在本世纪①，下议院还没有拒绝过一项预算，由此可见其审查功能是很有限的。

在任何情形下政府预算的范围都是很广的，因而如果议会想对某个具体的合同或者机构提出质疑，它可能需要直接地表达这种想法。② 即便如此，政府仍然能够获得应急基金，用于"紧急情况"下支付价款，这项资金的使用只有财政部能够实施有效的控制（McEldowney 2000）。

政府缔约活动缺乏宪法性法律的控制有两个重要的影响：首先，由于政府很少要求简化法律，议会就没有机会对政府的权力进行制约。当然，议会可以授予政府不受约束的权力，但是政府可能更愿意接受在其权力行使上的控制，比如为获得更多的立法支持而接受对其权力行使目的的控制。其次，在缺乏议会参与的情况下，无论是作为一项政策，还是在具体的实例中，合同治理的法律意义都难以有机会进行公开讨论。比如，政府运用其固有权力安排其内在结构以及缔结合同情况下的市场检验的程序，极有可能导致行政机关功能的私有化（Freedland 1994：94 - 5）。简而言之，宪法性法律未能控制合同治理，意味着它缺乏民主合法性。

行政法的控制

行政法是争议的第二个主要领域，这其中有两个不同类型的问题：其一，行政法的确有可适用于合同的原则，但可能会带来比较不好的争议，缔约能力和"自由裁量权不受限制"原则即可

---

① 可以推测这是指 20 世纪而非 21 世纪。

② 这是 Churchward v. R, 1865 LR 1 QB 173 案中的观点。拒绝为某个合同提供资金的效果究竟是影响合法性还是执行力是不明确的（见 Turpin（1972：25 - 7）；Craig（1999：153 - 4）），但正如 Turpin（1972）所说，承包商几乎不可能因得不到资金而受到不利影响。

说明这一点。其二，法院可能习惯性地不将行政法中如自然争议这样保护承包商的原则适用于合同。在合同治理的相关文献中后一问题可能更多地涉及，但两个问题都很重要。当然，还有第三个更为一般性的行政法问题：政府合同，尤其是内部合同，不受任何法律管辖，无论是行政法抑或是私法。第二章将对这个问题进行讨论。

在进行有关行政法的讨论之前，还有两点需要提醒：第一，对这一领域法律进行细节性的全面介绍已超越了本研究的范围（参见 Craig 1999）。第二，除了本章将要讨论的学理问题外，在强化行政法对政府合同进行规制之前，还需要解决一个复杂的理论问题。有评论者认为政府合同应当只受到或者至少是主要受到私法的规制。如此即可避免将公私法划分的问题引入合同领域，也能避免带来众所周知的决定何时适用特殊公法规则的难题（对比 Allison（1996）和 Oliver（1999）的观点），同时还能给承包商提供更好的保护（Harlow）。但也有人认为，除了刚提到的实践性的困难外，将公法规则适用于政府合同还是有充分的理论依据（Fredman and Morris 1989）。本研究不能对这一争论进行全面的讨论，但是这个问题将在第三章和第九章再次谈到。

缔约能力和不受限制

政府合同领域的诉讼很少见并不出人意料，承包商和政府一般都更喜欢通过谈判或者仲裁来解决纠纷（Turpin 1989）。① 这些方法与诉讼相比通常费用更便宜，并且可能更有助于当事人在纠纷解决之后重建良好关系，而诉讼的缺乏意味着这一领域的法律是相当不确定的。但仍存在两个重要的公法原则被加于合同法一般规则之上，二者均削弱了承包商的地位。政府却仍然可以逃避合同责任，即主张自己本来就没有缔约能力②，或者主张合同限制

---

① 在私人部门的相似结论，见 Macaulay（1963）。

② 《公司法》中也有相似之处，虽然此处普通法原则的严格性已被法律修改：1985 年《公司法》第 35 条第 1 款，被 1989 年《公司法》第 108 条替代。

了其裁量权。①

缔约能力的问题通常与法定主体有关。法律可能会划定主体的权力界限，使其可以主张一个特定的合同是越权的。② 在 Attorney-General v. Great Eastern Railway 案中③，法院认为一个合法的公司行为必须有法律的明确或隐含的授权，即便是法院愿意推定，与该公司主营目的相关的活动是得到授权的。因此，比如 Attorney-General v. Fulham Corporation 案④，该公司得到 1846 年和 1847 年浴室和洗衣房法（Baths and Wash-houses Acts）的授权建立洗衣房，该公司试图在提供自助洗衣池之外提供洗衣和送货上门服务，但法院认为该洗衣生意是越权的，因为法律规则仅仅预设到人们自己洗衣服。但 Hazell v. Hammersmith LBC 案⑤对利率互换交易的问题提供了一个现代版的解释。

承包商面临的问题是：如果越权的主张成立，合同就不具有执行力，如 Credit Suisse v. Allerdale BC 案。⑥ 从政策方面而言，有两个原因可以解释这样的结果对社会是有危害的。⑦ 首先，它将承包商置于越权风险承担者的位置，而相对于承包商来说，公共主体更有能力判断某一行为是否在授权范围内。其次，它给予公共主体运用其自身权力规避亏本交易的不好的选择。此外，在 Credit Suisse 案中，虽然是附带性地提到，但法院拒绝认为越权而非缺乏法定权力，比如非正当目的或韦德内斯伯里非理性（Wednesbury unreasonableness）⑧，会导致法院在决定是否执行合

---

① 政府可能还会主张达成协议的机构并没有相应的权力。虽然这种情况并非公法所特有，但对于不了解行政官员具体权力的承包商来说，这进一步增加了他们的风险。

② 当王室在特定情形下进行缔约的固有权力被一个明确的法定权力所取代时，部长也可以主张其越权，如 Attorney-General v. De Keyser's Royal Hotel，1920 AC 508。要一般性了解有关王室缔约能力和部长权力方面的内容，见 Craig（1999：146 - 8）。

③ 1880 5 App Cas 473.

④ 1921 1 Ch 440.

⑤ 1992 2 AC 1. 见 Bamforth（2000）。

⑥ 1997 QB 306.

⑦ 均可见 Peter Gibson LJ，1997 QB 306 at 344 的判决。

⑧ Associated Provincial Picture Houses v. Wednesbury Corporation，1948 1 KB 223. 参见 Craig（1999）。

同的问题上趋于谨慎。任何形式的越权都有可能导致同样极端的
后果。

克雷格（Craig）强力主张法院对所有案件，或至少对那些基
于越权而不是缺乏法定权力的案件（Craig 1999：150）有裁量权。
在地方政府方面，Credit Suisse 案判决的严格性因 1997 年地方政
府（合同）法而有所缓解，该法第 3 条确认了地方政府有权签订
特定的合同，这一确认对除了司法审查和审计审查之外的所有程
序都是终局性的（第 2 条第 1 款，第 5 条第 1 款）。即使在司法审
查或审计审查中合同被质疑，该法的第 5（4）条规定了法院的救
济性裁量权和适当的免责条款（第 6～7 条）。尽管如此，承包商
在与不受该法管辖的其他机关的关系中仍然是不受保护的。

在与公共主体缔约过程中，承包商面临的另一个风险是合同
可能被认为是越权的，因为该合同相当于是对公共主体裁量权的
"限制"。通常认为，合同是否与法定目的不兼容可被用于判断是
否有所限制的测试（Craig 1999；Wade and Forsyth 2000）。这种
观点来源于帕克（Parke J.）在 R v. Inhabitants of Leake 案①中
的判决，该案认为委员会有权在河岸的任意一边建造下水道，问
题在于他们是否有权决定在河岸上方建设高速路。帕克说：

> 如果该土地是通过议会法案对委员会进行的授权，那么
> 他们应当为特殊目的对其进行使用，如此将其建设为高速路
> 进行公共使用就与该目的不兼容，从法律的角度审视这些受
> 托人，就不能将该土地用作其他用途（make a dedication of
> it）；但是如果公共机关对该土地的使用并没有与法案规定的
> 目的相冲突，那么我认为可以明确的是，委员会有这样的
> 权力。②

没有证据显示委员会将河岸用于建设高速路与其法定目的，
比如清理下水道，是不一致的。

---

① 1833 5 B. & Ad. 469.
② 1833 5 B. & Ad. 469 at 478.

　　然而事实上法院在这些案件中的主要着力点在于创造性地调和案件中涉及的各种法定权力。在 British Transport Commission v. Westmorland CC 案①中，法院认为在铁路桥上方建造高速路并没有与拆除该桥的法定权力相冲突，其原因在于根据案件的事实，委员会可能不需要行使拆除该桥的权力。非兼容性应以概率而非可能性来评估。② 法院的另一种策略就是如 Blake v. Hendon Corporation 案③所用的，将权力进行排序，如此一来一项权力就优于另一明显非同一等级的权力。在 Blake 案中，地方政府将公园开放于公众的权力似乎与其出租该土地的权力不一致，但法院认为，出租的权力是一项从属权力，只有当它能够达到为公众提供娱乐场地的主要目的时，才能被行使，而如果这一目的能够通过开放公园得以更好地实现，那么即使这样排除了出租权这一从属性权力的行使也是没关系的。

　　但是，在有的情况下相冲突的权力是不可能调和的。在 Dowty Boulton Paul v. Wolverhampton Corporation 案④ 中，Wolverhampton 公司授予 Dowty 公司一项长达 99 年的使用机场的权利，但那之后该公司又拒绝延续机场的许可，因为它想要依据其他权力将机场用地改作住房用途。Cory v. London Corporation 案⑤中也出现了相似的情况，原告与作为卫生机构的伦敦公司签订了垃圾回收合同，但之后，作为港口卫生当局的该公司又制定了细则，使得原告在合同中无利可图。在这两个案件中，相互竞争的权力都是不兼容的，并且，正如凯恩（Cane）指出的，"法院应当对案件涉及的公共利益和私人利益进行权衡，并决定更应受到重视的一方"（Cane 1996：149）。

---

　　①　1958 AC 126.
　　②　1958 AC 126 at 144，per Viscount Simonds："我们生活在这样一个世界，我们的行为常常受到一些能够合理预期和预防的风险所引导，同时，我们会忽视那些我们认为可能发生但基本不会发生的事情。"
　　③　1962 1 QB 283.
　　④　1971 1 WLR 204.
　　⑤　1951 2 KB 476.

　　不幸的是，在这两个案件中法院都没有清楚地说明其选择的理由。在 Dowty 案中，租赁得到了支持，因为它是法定权力的合法行使。在 Cory 案中，法院认为合同中并没有隐含条款认为原告不应该承担过重的义务，而该公司制定细则的义务可以不考虑该细则对原告的影响。但是，这些判决是可以更为理性化的。Dowty 案中并没有什么特别有力的理由支持该公司改变其计划，因此法院顺理成章地偏向于保护原告的个人利益。Cory 案则不同，案件涉及的合同条款，会有损于卫生标准所保护的更重大和具体的公共利益，因此法院倾向于更多地保护公共利益而非原告的个人利益。

　　同样，此领域的救济也比较苛刻。如果一个合同被认定是越权的，那么这个合同就不具有执行力，承包商的损害也不能得到救济，即使对该权力的管制使得合同变得更为无利可图等同于违约。Cory 案中，如果不损害承包商的利益，公共机关的管制权力就不能有效行使，可能会有人认为，此种情况下合同目的就落空了，Cory 案也认可这一点，但是，正如克雷格所指出的，并不是所有的合同均可适用这一解决方法（Craig 1999：531-2）。

　　大多数情形下，合同价格变化条款及其他标准条款都会涉及这个问题，这可能说明了涉及该问题的判例相对较少的原因。尽管如此，很多学者主张（Craig 1999：532-3；Wade and Forsyth 2000：336），可以采纳法国法中一些灵活的救济措施，以使此领域的法律更易让人接受（见 Brown and Bell 1998：206-10）。法国法允许公共机关修改合同条款（比如，要求给一个扩建的城镇提供更多的水）①，但前提是该机关调整了酬金以维持合同的收支平衡。相似的，根据国家行为原则（the doctrine of fait du prince），如果规制权力的行使破坏了合同的平衡，那么承包商有权调整其对政府机构或消费者的收费，除非法律的改变具有普遍

---

　　① Compagie Generale des Eaux（CE 12 May 1933），1933 Recueil Hebdomadaire de Jurisprudence 368.

适用力。这些方法似乎倾向于将所有的风险推给承包商，虽然在实践中一个体恤性的政府可能会减少这种做法。

自然正义

行政法对政府合同进行规制的欠缺的第二种情况，发生在当法院以政府是在通过合同行使权力为由拒绝对政府适用如自然正义一般常见的行政法原则时。这导致了两个重要的问题：首先，它限制了承包商所能获得的保护。其次，它使政府能够通过用缔约提供服务替代直接提供服务的方式来规避公法审查。

自然正义明显有助于保证招标程序的正当。在 R v. Legal Aid Board，ex p. Donn &Co. 案[1]中，法院基于两点理由认为招标程序是不公平的。第一，因其工作人员的疏忽，委员会根据不完整的文件对投标人的标进行了评议，并且在发现该错误之后并没有重新进行评议。第二，委员会对投标人提起诉讼的适格性提出了质疑，这本来属于招标工作的范围，但他们并没有给投标人以阐释该问题的机会。在 R v. Lord Chancellor's Department，ex p. Hibbit & Saunders 案[2]中，法院认定招标程序不公平，因为该部门仅与其中一些达到非财务标准的投标者而不是全部投标者进行财务协商。

但这些案件说明了备受挫折的投标者们所面临的一个重要障碍是：如果他们不能证明案件具有充分的"公共性"，就无法提起司法审查。[3] 这个测试方法从本质上来说是模糊不清的（Craig 1999：773）。Donn 案中，法院在一系列要素的基础上认定该案满足了该测试所需条件，其中包括选择最合适的诉讼律师进行诉讼对于原告、被告、法院以及广义上的公众的重要性。但在 Hibbit 案中，虽然程序明显不公平，法院仍然拒绝认定"公法因素"的

---

①　1996 3 All ER 1.

②　1993 COD 326.

③　自然正义在私法中（下文继续讨论）是不适用于先合同阶段的，因为尚未签订合同，法院无法认定适当的条款。

存在，并倾向于定性该判决为纯粹的商业性判决。以后哪一种方法会更受青睐还有待观察。

如弗里德兰（Freedland）所说，这个问题关系到法院对其判决所涉广度的界定。司法审查倾向于关注"最终的判决，而非生成该判决的策略和整个过程"（Freedland 1994：101）。这样是有问题的，因为公共主体最终选定缔约方可能表面上只是一个商业决定，不具有公法因素，而从更广的角度来考虑招标程序，也许更有助于认定案件涉及公法问题。但是 Donn 案和 Hibbit 案表明，最终选择本身也可能有不同的定性。Hibbit 案被狭义地认定为商业决策，Donn 案被认为是一个关于诉讼行为的重要公共决定。这一定性也影响到对该决定的公私性质的理解。

实践中，许多招标工作①都受到欧洲公共采购指南的规制（参见 Arrowsmith 1996；Fernandez Martin 1996）。② 该指南在控制投标人的选择标准和签订合同的标准之外，还对购买方规定了一系列的程序要求③，其目标在于防止政府在缔约时偏向于本地企业。关于招标程序，究竟是应选择一个完全公开的招标程序，即任何人都可以投标的程序④；还是应选择一个有限制的招标程序，即政府可以从有意参与投标的人中选择至少五个组成一个投标池的程序⑤，政府面临着很大的压力。⑥ 招标程序之后政府就应在按照招标前所公布的质量、售后服务等因素综合考量的基础上，与出价最低的投标人或者"最具经济优势"的投标人缔结合同⑦，政府必须在《政府公报》⑧ 中公布签署合同的细节，并向落选投标人汇报。⑨

---

① 关于财务门槛，见第 2 页注①。关于除外，见 SI 1995/201，r. 6。
② 见第 2 页注②。
③ 见 esp.，r. 9 – 13，SI 1995 – 201。
④ SI 1995 – 201，r. 11.
⑤ SI 1995 – 201，r. 12.
⑥ SI 1995 – 201，r. 10.
⑦ SI 1995 – 201，r. 21.
⑧ SI 1995 – 201，r. 22.
⑨ SI 1995 – 201，r. 23.

这些规定的确为投标人提供了一些程序性保护：所有参与投标的人都应被考虑到，且政府有义务对其决定做出解释。一种观点认为，这样严格的以法律为基础的招标程序也促进了程序公正：它确保投标人知道自己的标将如何被评估，并且所有的标都将以同样的方式被评估。然而，也有观点认为，该指南仅对程序正义的一种理解产生效力。[1] 指南有意减少了承包人与公共机构之间的协商机会，这可被认为是忽略了听取对方意见的一般的公正上的要求，如此也迫使公共机构非常依赖正式的标书，即使在协商中承包商可能更好地表达自己的想法和能力。因此，就程序公正而言，欧洲的机制并不是完全令人满意的。

程序正义不只是招标阶段所关注的问题，合同的有效期内该问题也是相关的。购买方的重要决定可能会影响承包商的权利：比如，承包商提供的服务是否不符合具体的标准，是否因此减少其每月的酬金（见财政部 1997a）。欧洲公共采购机制并没有延伸至订立合同的阶段。而且公法中程序正义的适用性也不明确：可能有赖于上文提到的不确定的"公法因素"测试。也许可以通过私法中默示条款的技术将自然正义引入合同（将在第三章进行讨论），但是同样，很难预测法院将会如何回应这一观点。

结　论

行政法只对承包商提供有限的保护，因此它只能是对政府合同的一种不完善的规制框架。一般越权原则的适用使与法定主体交易的承包商承担了巨大的风险，"不受限制"原则未能提出在规则改变时如何平衡承包商的私人利益与公共利益的比较细致的解决方案。此外，无论是在招标阶段还是在合同有效期内，承包商能在多大程度内得到基本的自然正义保护，也都是不明确的。

---

[1]　关于这个问题更多的评论，见 Arrowsmith（1997：400－10）。委员会近期的改革提议，允许政府对复杂的合同适用协商程序，因此允许政府与投标者进行对话（欧盟委员会 2000：6－9；指南草案（该指南于 2004 年发布，并于 2014 年进行了修订，但在本书发表之时，其仍为草案。——译者注）的第 29 条和第 30 条）。

公共利益价值

　　争议的第三个方面与政府合同的价值相关。从定义上看，合同是有关以何种价格购买何种东西的协议。合同化所声称的优势之一，就是它能够提高公共服务及其成本计算的精确度，也因此能够提高财政上的责任感（Harden 1992：71）。但评论者也担忧这种对财政责任的关注，可能会导致其他应得到重视的"公共利益"价值被排除（比如，见 Freedland 1994）。很多例子可以用来说明此主张。下文将专注于两点：法律在何种程度上排除政府合同中"合同履行"政策的适用，以及政府合同化与公众参与之间的关系。

合同履行

　　对私有企业来说，政府合同代表着非常有吸引力的商业机会。为了赢得这样的合同，企业愿意同意很多政府提出的条款和条件。因此，政府有时试图通过合同来推行其他政策也在意料之中：比如，要求承包商在贫困地区设立办公场所并雇用长期待业的工人，或者要求承包商认可工会进行劳资谈判（McCrudden 1999c：7 - 8）。

　　合同履行政策非常具有争议，一方面，有人主张这些政策是低效的：如果政府专注于非商业的考量因素，就不会选择最具经济优势的标，并且考虑到合同中宪法性法律规制的局限性，即如前文所述，政府为非商业目的使用合同在很大程度上是不可追责的（Daintith 1979）。另一方面，也可以认为合同履行是强化政府其他民主化政策的有效方法（Leonard 1990；McCrudden 1999d）。的确，如果承诺了一定劳动标准的政府与一个臭名昭著的雇主缔约将会非常不合适。如此，纳税人的钱也将被用来补贴政府不认可的行为（McCrudden 1999c：9）。并且承包商能够投低价的标，也可能与其不公平的劳工管理做法直接相关

（McCrudden 1999c：10）。

　　欧洲公共采购机制看起来是排除了合同履行的适用。指南明确规定，只有当投标人未能达到经济或财务标准或不具备技术知识和能力，才能被排除。① 合同必须与最低价格投标人，或者最具经济优势投标人签订（也可考虑如完成期限、技术水平等因素）。② 这是佐审官 Darmon 在 Beentjes 案中的意见。③ 他认为因为排除投标者的标准是穷尽的，所以是可以排除合同履行的适用的。到了缔约阶段，任何用来判断"最具经济优势"标的标准都应当与承包商的产品有关，而不是与承包商的适格性相关。

　　欧洲法院则表现得更为宽厚。Beentjes 案中，法院接受了辅佐法官的观点，认为指南对排除投标者的标准的规定是穷尽的，但在达到两个标准的前提下，法院允许了一个社会性条款作为"额外的具体条件"④。前提之一是，该条件要与欧盟法兼容，尤其是要符合条约关于安居权和提供服务的自由的原则。换句话说，如果该条件歧视来自其他成员国的投标者就不能被接受。前提之二是条件必须在合同公告中进行公开。对于 Beentjes 案而言，这就意味着要求承包商 70％ 的雇员由长期待业的工人组成这一条件是可被允许的，因为该条件在合同公告中就有，而是否构成歧视就由本国法院来决定。

　　在 Beentjes 案之后，委员会认为，判决所允许的"额外的具体条件"可以作为合同条款产生效力，但是并不是中标的标准（比如，见欧盟委员会 1996：paras. 5.42－3）。然而，在更近期的 Commission v. France 案⑤中，ECJ 推翻了 Beentjes 案的解释。该

---

① 比如，见 SI 1995/201，r. 14－16。

② SI 1995/201，r. 21。

③ Gebroeders Beentjes BV v State of the Netherlands（ECJ Case 31/87），1988 ECR 4635.

④ 1988 ECR 4635, at 4661.

⑤ Case C-225/1998，Sept. 2000，unreported.

案中法国政府在建设和维修教学楼的合同公告里，加入了一个关于解决当地失业问题的项目的条款。法院认为"Beentjes案中所讨论的雇佣长期待业人员的情形，已被用作拒绝投标人的理由，由此也构成了中标的标准"（para. 52）。法院重申，社会性条款必须在合同公告中明确公布，并且必须是非歧视的。① 这极大地促进了合同履行的适用。依照委员会对Beentjes案的解释，在与承包商协商社会条款时公共机关也没有什么优势，因为在确定中标者时他们必须不考虑承包商履行社会条款的能力。的确，政府可能不得不将合同授予一个已表示不愿履行社会条款的企业。公共机关在授予合同时考量这些问题的能力，能够促使它们更加有效地运用社会条款。

对于欧洲机制未涉及的合同，英国法中至少存在两个相关的规定。一个是法定的：1988年地方政府法案第17条禁止地方政府在授予合同时考虑"非商业因素"。然而，这一规定所设限制的影响可能会被1999年地方政府法案第19条创设的新权力所削弱，该条规定国务大臣可以为实现第17条的目的去除非商业事务清单上的条款。② 在普通法中，"非正当性目的"原则可能也会限制为社会目的使用合同。在R v. Lewisham LBC, ex p. Shell案③中，委员会因为壳牌在南非的一些事务而对其进行抵制。该案中法院区分了两个问题：其一，在南非种族隔离时期，委员会为实现其推进该地区良好种族关系的目标④，停止与一个在该地区有利害关系的公司进行贸易是合法的；其二，委员会对该公司施压以迫使其从南非撤回的目标是违法的。

目前，在欧洲法和本国法中适度地允许适用合同履行这一折

---

① 虽然这符合WTO协议关于政府采购（1994）的透明度和非歧视性标准，但是根据Art. Ⅷ（b）评估潜在投标人的"能力"时，将社会性标准纳入考量的做法是否合法仍不清楚。进一步讨论，见McCrudden(1999c)。

② 这项权力已经在2001年《地方政府最佳价值（排除非商业考量因素）令》中得到了行使（SI 2001/909）。

③ 1988 1 All ER 938.

④ 依据1976年《种族关系法案》第71条。

中解决办法，对位于争论两极的倡导者们都不太有吸引力。最令人担忧的是，缺乏有关这个问题的一贯的、具体的公共政策。在欧洲，为防止地方保护主义而设计的商业化采购模式，与共同体的社会政策并不协调。在英国国内，许多现行法都是通过撒切尔政府对左翼议会的攻击而得到的解释。只有经过全面的公开讨论之后达成对合同使用的清楚阐述，才能使这两个层面上合同履行的适用问题更具合法性。

公众参与

关于"公共利益"的第二种担忧起源于政府中的公众参与的相关问题。对此有两个不同但是相关的批判。一个是，合同化实际上缩减或限制了为公众提供公共服务的责任。另一个是，合同化被一个引人误解的并日益加深的对消费者提供回应性服务的言论所包围。

合同化要求公共主体采纳更多的"商业化"行为模式。因此有人主张，政府治理的安排应当按照商业模式进行改革。比如，在1990年以前的英国国民健康保险中，卫生局是由代表特定利益群体的受托人组成的委员会进行管理的。这些委员会的成员有医疗从业者、有地方政府代表（他们至少是经选举进入地方政府的，即便不是卫生局），还有地方患者团体的成员。1990年时这些委员会被具有"商业经验"的受托人组成的更小的委员会所替代，这些委员会的模式类似公司的执行董事会和非执行董事会（卫生部1989；Ferlie et al. 1996）。改革的支持者认为新的委员会将更高效①：原先的委员会一直被批判为缺乏凝聚力、战略重点以及对服务提供方的控制（Day and Klein 1987）。此外，当公共服务回应了公民的需要时，公民就没有必要对公共服务的运行进行广泛的参与（Hunt 1995；Wistow and Barnes 1993）。

评论者基于一些理由对这些改变提出了批评。他们对委员会

---

① Ferlie et al.（1996）提出了一些支持这一观点的实证性证据。

成员的产生方式提出了质疑：整个程序都是秘密进行的，而且他们怀疑这些成员的委任可能是为了奖励政府的政治支持者（Stewart 1995）。① 此外，他们还主张，拥有商业经验并不必然使他们比能代表社区成员利益的人更适合于完成一些任务，比如配给医疗服务（Longley 1990）。最重要的是，他们认为改革限缩了公共主体对地方社区的责任。虽然原先的委员会并非经民主选举成立，但是这些改革预示着"民主赤字"的到来，因为他们比被替代的体系更不关注代表性②的观念（参见 Ferlie et al. 1996）。

评论者还认为改革通过将提供服务的责任模糊化限缩了公共责任（Bruce and McConnell 1995）。其中一个问题是，当服务由私人公司提供时，该公司可以主张合同的细节是商业秘密。③ 这可能会限制公众获取他们接受的服务所依赖的合同条款信息。此外，服务的使用者可能不确定当出现问题时应当向谁提意见。有一个例子可以说明这个问题。

如果消费者提出司法审查的申请，应当选取哪个主体作为被告？有些时候，这个问题的答案是简单明了的，比如，起诉续阶计划机构的案件，该机构没有独立于其上级部门的法律人格（Freedland 1994：89；Harden 1993：46）。但是当一个部门与私有企业签订了合同时，情况就更复杂了。一个选择就是：该部门对其外包的服务继续承担责任，这似乎是 1994 年《解除管制与外包法案》第 72 条规定的效果。④ 因此，在该法适用的场合（需要谨记这并非强制性的），对于权利受到侵害的公民而言，他们可以起诉将其职责外包给承包商的部长、公职人员或地方政府。另一

---

① 这些疑虑导致了 1994 年公共生活标准委员会的成立，并且依照该委员会的建议，委任程序逐渐开放。

② 虽然"新右派"对此的回应可能认为原先的委员会在政治上更为激进，因此并不是真正的当地人民的代表。

③ 有关标准合同条款是可以找到大量信息的，比如，见 HM Treasury（1990）。一些具体项目的信息可以从比如国家审计办公室或下议院公共账目委员会的报告中得到。虽然如此，权利受到侵害的个人仍然很难获得具体合同的复本。

④ 第 72 条第 3 款排除了刑事犯罪以及承包商与公共主体缔结的合同相关的责任。

个选择是：对私人承包商适用公法原则。正如克雷格（1999）指出的，比如城市收购与兼并工作组一样的代表政府执行职能的机构接受司法审查[1]是有先例的。的确，当机构与政府的关系更为正式时，扩大公法适用范围的理由似乎更为有力。

但有一个问题会影响到这两种解决方式。针对所提起的诉讼，是否可允许一方主张另一方应当承担责任？比如，部长可能主张，合同并没有给他或她在特定问题上控制承包商行为的权力，或者承包商可能主张，他没有得到足够的资金来维持某种水平的服务。1994 年的法案并没有给部长前一种选择：不管怎样，他或她都被认为是有责任的。重要的是，普通法也不应当允许这样的抗辩。否则，服务的合同化会提供一种双方都能逃避责任的方法：事情发生时，任一方都可以责怪另一方。当然，认定合同的当事人中谁负有责任是有必要的，但这一认定不应影响消费者的权利。

然而，矛盾的是，合同化并非旨在减轻公共服务对其消费者应承担的责任。相反，围绕着合同化的是对消费者授权的概念。这一概念也被公民宪章的立法提案所支持，该提案是 20 世纪 90 年代初保守政府提出的"新公共管理"这一相对比较晚的政策（英国财政部 1991；Barron and Scott 1992；Willett 1996）。公民宪章规定了接受政府服务的消费者的一般权利和预期，公共主体也需公开其职务履行的信息，并制定投诉程序来应对消费者的不满。

此处，不满来自合同化没有达到消费者主义所暗示的那种程度（Bruce and McConnell 1995；Stewart 1995；Weir 1995）。至少在理论上有可能的是，通过合同来明确消费者与公共服务之间的关系，给予消费者一系列明确的可实施的权利。[2] 但是该宪章很大程度上是徒劳无益的：病人约章（卫生部 1991；1995）规定了先前立法已经规定的一系列权利，同时还有一些不具有执行力的美

---

[1] R v. Panel on Take-overs and Mergers, ex p. Datafin, 1987 QB 815.

[2] 有关此问题，有一个十分出色的关于消费者合同指南（93/13/EEC）中不公平条款的潜在影响的研究，见 Whittaker（2000）。

好愿望①，并且只在公共服务的购买者和提供者之间引入了合同（Harden 1992）。比如说，虽然有人主张改革应当增加患者的选择（比如，见 NHSE 1994；1995a），但患者并不是英国国民健康保险合同的当事人，如果患者对某一服务不满，他或她需要说服购买者（持有基金的家庭医生或者卫生局）与其他提供者签订合同，或者转到另一个持不同购买政策的家庭医生处。当然，对消费者授权这一概念本身可能会受到质疑，消费者并不是公共服务运营中唯一有合法利益的群体，纳税人和员工应当也有发言权（Foster and Plowden 1996）。尽管如此，重要的是认识到改革并没有带来他们所呼吁的授权。

结　论

合同治理的支持者关注的是其提高服务标准明确度的潜能，其也更明确地关注成本以及市场压力所带来的业绩的提高，上述关注点当然都是重要的，且纳税人和使用者都受益于该公共服务提供的有效性。但合同化也存在争议，因为它的支持者未能紧密结合该项政策可能影响到其他重要公共利益。合同是否应被用来实现社会目标？在对公众进行授权或者至少不是限权时，如何引入合同？这些都是很难回答的问题，但是一个设计精良的合同化政策是可能以一种明确、公正的方式解决这些问题的。

小　结

合同治理是一个重要的现代性现象。虽然合同本身并不新鲜，但新颖之处在于以一定技术将它们作各种不同之使用，以进行政府机关内部关系的重建，或者让私有企业为公共部门提供复杂的资产和服务的组合。本章讨论了一些围绕着合同治理的争议：在

---

① 比如，在各种不同情形下患者需要等待的治疗时间的问题上，该宪章规定了相当数量的不具有执行力的标准，另外，它也声明患者有权获得医疗记录，1990 年的《获得医疗记录法案》也明确了这一点。

特定情形下议会无法控制政府负责人使用合同的决定；法律没有提供一个完善的规制框架来保护承包商；政府的合同化忽略了重要的公共利益价值。

这些争议在许多方面都适用于作为本研究核心的政府内部合同。政府通过合同重建其内部管理架构的权力，看起来属于其固有能力，不需要议会的审查。比如说，内部合同要比采购或民间融资计划交易受到的规制更少，因为它们不具有法律执行力。而对合同化可能带来的公众参与边缘化的担心则更为明显：这一批判主要是针对公共服务领域的"内部市场"，比如英国国民健康保险。第二章将进一步介绍政府内部合同，并探讨一些影响该类合同的主要争议。

第二章

内部合同治理

　　为本研究的目的，"政府内部合同"的概念包括双方均属公共部门的主体之间达成的任何协议。[①] 本章将对这一现象的主要实例进行考察：中央政府中政府部门与其机构之间签订的框架协议，财政部和政府部门之间签订的公共服务协议；以及在更一般意义的公共部门中，英国国民健康保险的购买者和提供者之间的协议，还有地方政府和其直接服务机构（某种程度上还包括他们内部的社会保健服务提供方）之间的服务协议。还有别的实例，比如，BBC的内部合同（见 Coffey et al. 1997），但是本章将主要研究那四种主要的情形。

　　本研究的两个非常重要的主题将贯穿本章的讨论。首先，在现有证据所允许的范围内，研究不同种类内部合同之间的相似点和不同点。该信息将会帮助我们判断从研究和改革的角度而言，内部合同是否为具有一致性的合同类别。更确切地说，它能帮助我们判断基于一种类别的有关内部合同的研究，比如本书所研究的英国国民健康保险合同，提出的改革建议能在多大程度上适用于其他种类的内部合同。其次，讨论本章所提到的每一种内部合同的法律地位。也许内部合同最显著的共同特征就是，它们很可能都不具有法律执行力。第三章将会对这一问题进行讨论，其中也会讨论到有关内部合同的批判和潜在的改革途径。

---

　　① 本章将聚焦于特定合同化项目中的合同。当然，政府的分支机构可能会签订特别的事后协议，本研究的提议同样适用于它们。

公共服务合同

"新公共管理"① 重要的一方面就是试图将公共服务进行"市场化"。这就需要创设替代科层管理结构的相互区分的购买者和提供者。公共部门中的购买者和提供者之间的关系通过内部合同来调整。本章将对英国国民健康服务和地方政府的内部合同进行研究，并细致讨论前者，即本书的个案研究。

英国国民健康服务中的购买和提供

在 1990 年《英国国民健康保险与社区保健法案》② 之前，英国国民健康服务中保健服务的提供是通过层级化的体制进行管理的③，资金由中央分配给地方卫生局④，地方卫生局将预算交给负责管理当地提供方单位的区域卫生局。改革试图通过以下的方式来解除区域卫生局与提供方之间的科层关系，即让提供方从组织上独立于区域卫生局，与此同时，将区域卫生局的角色创设为从提供方处购买保健服务的购买方。⑤ 这一结构性改变通常被称为"购买方/提供方分离"或者创设"内部市场"⑥。

---

① 关于强烈的倡导，见 Osborne and Gaebler（1992）。关于更深的批判性著述的导读，见 Ferlie et al.（1996）；Foster and Plowden（1996）；Hood（1991；2000）；Power（1997）；Rhodes（1997）。

② 见卫生局（1989b）。大量介绍性法律著述，见，比如，Spurgeon（1993）；Levitt et al.（1995）；West（1997）。关于改革的比较分析，见 Ranade（1998）。关于更一般性的英国国民健康服务中的"新公共管理"，见 Ferlie et al.（1996）；Longley（1993）；Walsh et al.（1997）。

③ 关于历史背景下的改革，见 Webster（1998）和 Klein（1995）。关于全面的英国国民健康服务历史，见 Webster（1998；1996）。

④ 1996 年 4 月被 1995 年《卫生局法案》废止。他们的职能由英国国民健康服务执行机构的地方办公室接任。关于英国国民健康服务管理的地方层级的历史，见 Webster（1998）。

⑤ 这里谈到的安排是 1996—1997 年间的，此时本书第五种的实证研究正在进行。同见 Montgomery（1997a）。

⑥ 这两个术语都是有问题的。第一个没有传达出购买角色的创新性（见 Lapsley and Llewellyn（1997））；第二个试图暗示一定程度的竞争，而这种竞争实际上可能并不存在（Montgomery 1997a）。之后的章节将会进一步讨论竞争的问题。

　　这一改革反映了"新公共管理"的两个主要原则：提供服务的职能应当与决定提供何种服务的职能相分离；竞争应当被用作提高效率和质量的有效激励（参见 Foster and Plowden 1996）。第一个原则来源于公共选择理论，该理论认为服务提供方倾向于最大化自己的预算和便利自己，他们不一定会做最有利于公众和消费者利益的事（Downs 1967；Niskanen 1971；Tullock 1965）。有人认为改革将会使保健服务提供者更负责，因为他们要回应独立购买方有关其提供的治疗的数量、质量以及成本的疑问（卫生部 1989；cf. Harden 1992）。第二个关于竞争的原则，反映出这些理论家对通过私人部门运营方式的偏好（Osborne and Gaebler 1992；Enthoven 1985）。在原先的机制下，提供者没有动力治疗更多的患者：这样做会让他们更难维持预算，而在下一个财政年度到来之前，任何对额外患者的额外财政拨款都不会获准（卫生部 1989）。白皮书在新的经费安排下强调了"钱随患者走"的原则（卫生部 1989），购买者可以与任一最佳交易提供者达成协议，并能够立即为已完成的工作付款。这也涉及第一个原则所质疑的官员的自利性概念：为获得更多的患者，提供方会致力于取悦他们的购买者，从而维持他们的市场份额或者增加收入。因此，通过第一条原则已经得到增强的责任机制会通过竞争压力被进一步强化。①

　　1990 年法案第 5 条允许提供者申请"英国国民健康保险信托公司"② 的资格，从而拥有自己的董事会以及在法律意义上、组织体意义上独立于其上级区域卫生局的地位。每一个信托公司都是由一个法定文件所设立的，这个法定文件规定了信托公司的职能，而事实上这些规定都是非常简单的，比如只提到该信托公司在其

---

　　① 白皮书本身贬低了市场竞争这一术语（卫生部 1989b），可能是因为它的消极内涵（比如，不成功的医院可能会倒闭），但是这一术语构成了那些改革的基础性文献中的关键部分（Enthoven 1985，另见 Webster 1998）。

　　② 另一个关于误导人的术语的例子是：虽然出于建立特定信托之目的，服务的提供是为了加强信托对资金的控制（1990 年法案第 11 条），他们自身就是法定的公司（1990 年法案第 5（5）条），而非私法意义上的信托。见 Hughes（1991）。

所在地提供"医疗"服务。每一个信托公司一般都专长于一种特殊的服务：急性病，社区和救护车等等。1990 年法的第二部分列出了信托公司的一般权力和责任。如上所述，与旧的科层管理系统下收入来自区域卫生局年度预算不同的是，信托公司通过向购买方出售服务来获得收入。在法定责任下，他们需要保证每年获得足够的收入来填补支出①，但他们又不能营利或者在不同服务之间进行交叉补贴：每项服务的价格必须反映提供它的成本（NH-SME 1990）。此外，他们还面临着严峻的财务指标。② 比如，信托公司有义务使其资产获得收益，而且他们有着明确的目标来鼓励其能像私人部门提供者一样有效地使用其资产（卫生部 1989）。在本研究延续的 1996—1997 年，拥有信托公司的身份是规范对提供者的要求。

历史上，卫生局③的角色就是代表国务大臣履行其提供健康服务的职责，这一角色在改革之后仍然继续着。依 1977 年《英国国民健康保险法案》第 1 条第 1 款：

> 国务大臣的责任是持续地推动英格兰和威尔士的综合健康服务，以保证提高：
>
> （a）这些地区人们的生理和心理健康，并
>
> （b）预防、诊断和治疗疾病，
>
> 并为此目的提供或者保证有效地提供本法规定的服务。

1977 年法案第 3 条规定了更具体的提供服务的职责，比如住院、救护车服务以及生育服务。1996 年的《英国国民健康保险（卫生局职能与行政安排）规定》④ 允许卫生局代表国务大臣履行更具体的职责。⑤ 他们可以直接提供服务，或通过英国国民健康保

---

① 1990 年法案第 10 条第 1 款。
② 1990 年法案第 10 条第 2 款。
③ 1995 年《英国国民健康保险管理机构法案》以单一的卫生局取代了区域卫生局和家庭卫生服务机构。后一术语将在下文中使用。
④ SI 1996/708.
⑤ SI 1996/708, r. 3.

险或其他合同来安排这些服务的提供。于是，随着改革的实施，以及提供者变为信托公司，卫生局越来越多地通过合同而非直接管理的方式来提供服务。他们从区域一级的机构获得预算，并期冀每年都维持预算。他们还要达到其他财务指标，比如在他们与提供方签订的合同中要求每年达到一定的效率增加（比如，同样水平的资金，增加 2% 的工作量）（NHSME 1990）。

然而，在这些改革中卫生局并非唯一一类购买方。大型①全科医疗诊所也可以选择加入费用负责制计划，这是一个自愿的协议，在此协议下，他们可以获得一定预算，并负责为他们的病人购买大多数类别的非急救护理（参见 Glennerster et al. 1994；审计委员会 1996）。② （卫生局负责为该地区的所有病人购买急救护理，并为没有加入费用负责制计划的全科医疗诊所购买非急救护理。）参加费用负责制计划的诊所必须将他们的预算用于购买清单上的商品和服务，该清单由参加费用负责制计划的诊所③列出，这些商品和服务"是为加入该计划的诊所的病人提供适当治疗所必需的，并且应考虑到这都是在所有情形下，尤其是就所有这些患者的需求而言也是妥当的"④。他们也需要每年都维持预算。⑤ 费用负责制与原先的安排截然不同：改革之前全科医疗诊所对提供方的管理没有实际的影响力，他们只是按照要求把患者转给会诊医师治疗。有人认为，新的由提供方对全科医疗诊所负责的行政安排将会引进新的责任机制（卫生部 1989）。从专业角度来讲这一机制有重大影响，因为它给予医生、全科医疗诊所这一群体以挑战另一个群体和医师的机会，如此就有可能会很显著地改变医疗职业

---

①　最初最少人数是 9 000，在 1992 年减至 7 000，1996 年减至 5 000（Audit Commission 1995）。

②　自 1994 年起，有一系列的完全购买的试点（"total purchasing pilots"），其中费用负责制诊所也购买急救护理。自 1996 年起，"社区费用负责制计划"被引进，其中较小的诊所（3 000 名病人及以上）仅能为社区护理、药物及执业人员编制预算（见审计委员会 1995）。

③　1996 年《英国国民健康保险（费用负责制计划）规定》（SI 1996/706），r. 20（2）。

④　SI 1996/706，r. 20（1）.

⑤　SI 1996/706，Schedule 2，para. 3.

内的力量平衡。还有人认为费用负责制在消费者责任方面也是一个进步，因为患者的观点会更紧密地影响到全科医疗诊所：很多观点认为费用负责制允许做出"贴近病人"的决定（NHSE 1994；1995a：5－6）。然而，重要的是，病人自己是不能与提供方签订合同的（Harden 1992）。

任何一类购买方和提供方都需要一些联系彼此的方式：搞清楚应当提供什么和对价。在英国国民健康保险中，购买方和提供方的协议采取了"英国国民健康保险合同"的形式，1990 年法第 4（1）条将其定义为，"一个健康服务机构（'受让人'①）安排另一健康服务机构（'提供方'）向其提供为履行其职能目的所合理需要的商品或服务"的约定。② 虽然"合同"这一术语在其中被贯穿使用，但第 4 条第 3 款规定："排除本节规定，无论一个构成英国国民健康保险合同的协议能否称为法律上的合同，都不应为任何目的而确定它会引起合同上的权利或责任。"③ 相反，第 4 条规定了特殊纠纷解决的仲裁程序④，此外国务大臣还有权发布对健康服务机构具有约束力的指令，以保证这些仲裁裁决得到执行。⑤（两种类型的购买者都可以通过普通的私法合同从私人部门购买保健服务。）⑥

英国国民健康保险仲裁程序的不同之处在于，它同样适用于合同协商阶段（第 4 条第 4 款）和合同履行期内产生的纠纷（第 4 条第 3 款）。它既是一种市场规制的机制，也是一种纠纷解决机

①　在官方文件和学术讨论中"受让人"被"购买方"替代。

②　核心法律著述包括 Flynn et al.（1996）；Flynn and Williams（1997）；Walsh et al.（1997）。还有一些"执业者"的法律著述，包括 Ovretveit（1995）；Hodgson（1996）。

③　这样做的一些原因在 McHale et al.（1997）有讨论。关于这一做法会导致"取代"法院的法律效果的讨论，见 Jacob（1991）；Miler（1992）；Barker（1993）。

④　详细规定见 1996 年《英国国民健康保险合同（纠纷解决）规则》（SI 1996/623）。

⑤　1990 年法案，第 4 条第 6 款、第 7 款。

⑥　本研究发现使用私人部门的现象并不普遍。这与社会保健的立场是相对立的：地方政府需要将 85％的预算用于独立（私人和志愿）部门（见 Walsh et al. 1997）。

制，它也反映了中央的一种认识，即市场不会是完全竞争的，而缔约方可能会滥用垄断地位。此外，地方官员所使用的决策模式似乎更多是管理性的而非裁判性的（McHale et al. 1997：199）。这可以由以下示例来说明：个案研究中的一个地方办公室对其主持的"摆仲裁"（pendulum arbitration）的相关要求进行理解时认为（NHSME 1989）①，该仲裁程序允许分别考虑诉求中的每一独立请求，作出支持一方抑或另一方的裁定，而非将整个诉求视为一个整体。这样做的目的在于推定地方办公室希望的解决办法，即妥协，而不是像法院那样对当事人相对抗的主张进行裁判。

　　然而英国国民健康保险仲裁最显著的特点是当事人往往被阻止使用该程序。正式的仲裁极少被使用。② 英国国民健康保险地方执行办公室建立了一个非正式的和解和仲裁机制，以避免法定程序的适用（也可避免其公布结果义务的履行）（Hughes et al. 1997）。甚至这一非正式的机制也不鼓励缔约方使用。该机制的启动被视为卫生局和提供者管理失败的标志。③ 因此，只在危机情况下卫生局和他们的主要地方提供者才会使用和解，还没有证据显示基金持有人使用过该机制。对纠纷解决程序依赖的缺乏本身并不是英国国民健康保险与私法合同的主要区别：很多证据都显示商业机构不愿提起诉讼（Macaulay 1963；Beale and Dugdale 1975）。但是英国国民健康保险中的缔约方既担心来自中央的批评，也担心对他们之间的关系造成损害。

　　英国国民健康保险合同的内容与商业合同的内容是相似的。它们包含规定合同延续时间、价款、需要提供服务的数量、质量标准等等（Allen 1995）的条款。然而，合同的措辞通常都是非正式的（Allen 1995）。这可以反映出律师很少参与这一程序的事实。目前研究中唯一的例外就是与私人部门的提供者之间签订的合同：因为这些合同具有法律执行力，可能会征求律师的建议。英国国

----

① 这是意图通过提高"赌注"来减少仲裁。
② Hughes et al.（1997）只发现了一个例子。
③ 采访数据同见 McHale et al.（1997）。

民健康保险合同不受私法原则约束的事实在其部分条款中也有所显示：比如，许多合同都使用了详细的罚金条款，但它们的撰写方式却使得它们不可能在英国法中得到执行（Treitel 1999）。

正如其他领域的"新公共管理"改革一样，1990 年英国国民健康服务的改革也不出所料地极具争议。其中主要有三种批判：第一，有人认为这些改革都非常官僚化，会导致文本工作和管理成本的增加。[①] 改革的支持者认为这些成本会因新体系带来的获益而得以正当化：比如，竞争可以带来更好的质量（卫生部 1989）。第二，有人认为改革违反了最基本的公平原则：有同样医疗需求的病患者应当获得英国国民健康保险（1988 年下议院社会服务选举委员会）的同等对待。尤其是有观点认为参与费用负责制的诊所的病人与未参与费用负责制的诊所的病人相比，得到了更好的治疗。[②] 第三，评论者对在卫生保健服务中引入竞争的可行性提出了质疑：下一章将讨论有关竞争效果的实证依据。

工党政府在 1999 年的《卫生法案》中进行了新一轮的改革以回应这些担忧。相关言论称该法会废止内部市场，但实际上，1990 年机制中的很多内容都被保留下来了（卫生部 1997：paras. 2.1 - 2.2）。对于购买方来说最大的变化是：费用负责制被初级保健组（Primary Care Groups, PCGs）机制所替代，每个组涵盖大约 100 000 人口（卫生部 1997：ch. 5；下议院健康特别委员会 1999），所有的全科医疗诊所都必须加入一个组。在发展的第一阶段，初级保健组只就卫生局的购买策略提供建议。在随后的发展阶段中，初级保健组可以自己制定预算并成为购买方（卫生部 1997：para. 5.11），卫生局就只有有限的职责，即按照当地的健

---

① 相关讨论见 Glennerster et al.（1994）；审计委员会（1996）；Flynn and Williams（1997）；Walsh et al.（1997）；Webster（1998）。这一主张也影响了近期的改革提议（卫生部 1997）。

② 关于这一错综复杂的主张的讨论及实证证据，见 Glennerster et al.（1994）。本书进行的实证研究发现了更多的证据支持如下的主张，即一些费用负责制的诊所能提供比地方卫生机构（代表非费用负责制的诊所）更短的候诊时间。同见 Goodwin（1998）。

康促进计划监督初级保健组和信托公司的活动。此阶段中，小型的卫生机构看起来好像将会与其邻居合并（卫生部 1997：para. 3. 17；ch. 4）。最终，初级保健组可能会发展成为初级保健信托公司①，这可能会导致购买者/提供者职能分离的部分模糊化，因为初级保健信托公司将会取代目前根据合同由社区信托公司扮演的提供社区服务（小区护理等）的角色（卫生部 1997：para. 5. 13）。

新机制下的购买者继续通过不具有执行力的英国国民健康保险合同与提供者建立关系。虽然围绕着合同的措辞更为缓和，但是本质的东西并没有改变。但其更多地强调了合同的长期性：至少长达 3 年，这就不同于 1990 年制度下普遍为 1 年的合同了（卫生部 1997：para. 9. 11）。该机制仍然允许购买方与其他提供方签订合同，但是这只能作为最后的办法（卫生部 1997：para. 9. 11 - 9. 14）。购买者必须给"落选的"提供方足够的机会来改善其服务，并且它要保证变更合同不会产生任何显著的不稳定效果。不过，新机制仍然强调通过合同的协商和监督使提供者对其购买者负责。而且政府尤为希望购买方能够通过合同实施一系列新的国家标准（这些标准比 1990 年机制下的国家标准更关注诊所治疗（Davies 2000））（卫生部 1997：paras. 5. 28 - 5. 30）。评论这些变化带来的影响还为时过早：本书将主要关注 1990 年机制下的英国国民健康保险合同。

强制竞标和最佳价值

地方政府服务的"市场化"是 20 世纪 80 年代早期随着强制竞标机制（Compulsory Competitive Tendering regime，CCT）的引进而展开的。当前，这一机制的重要意义在于它催生了内部合同，其中政府内部团队与私人公司进行竞争以成功竞标。到 1997 年，工党政府以一个相似但更为宽松的被称为"最佳价值"的机制替代了强制竞标机制。

---

① 卫生法案 1999，第 2~7 条。

　　强制竞标机制来自 1980 年《地方政府规划与土地法》第三部分。[①] 政府不能直接提供服务，其内部团队也要与外部的投标者进行竞争，并且只有在内部团队投了最佳（从本质上来说就是最便宜的）标时，才能允许由其提供服务。政府的直接服务组织则相对较成功：沃尔什和戴维斯（Walsh and Daivis 1993）发现，在他们所研究的政府机关中，从 1989 年到 1992 年，私人公司平均赢得了 22% 的合同。[②] 1980 年法适用于建设和维修工程（第 5～9 条），而 1988 年《地方政府法案》增加了一些服务，比如机动车维修、垃圾回收、餐饮和清洁服务（第 2 条第 2 款），依照第 2 条第 3 款，国务大臣有权将强制竞标机制的适用扩大到其他服务，这一权力得到了广泛的应用，比如，1989 年应用到了对娱乐业的管理[③]，1994 年应用到了法律服务。[④]

　　因为许多地方政府只是在原则上反对这一立法，所以它不仅简便，也包括了重要的限制和强制因素。详细阐述这一复杂的立法计划将超越本研究的范围（更一般的介绍参见 Arrowsmith 1996），但是 1993 年的《地方政府（直接服务组织）（竞争）规则》确实对这一点提供了相关说明。[⑤] 这些法规依照 1992 年的《地方政府法案》s. 9（2）（b）和（d）的立法目的，明确了具有"限制、禁止或扭曲竞争效果"的行为种类，这些行为包括允许除直接服务组织的领导或政府的法律以及财务顾问之外的人影响该组织的标（r. 4（3）（a））；给予直接服务组织多于其他投标者的信息（r. 4（3）（b）和（c））；考量法规规定之外的政府解散直接服务组织产生的成本（r. 5（a）（iv））。中央政府（通过环境事务

---

　　① 除了 1980 年法之外，强制竞标机制最终的立法体系包括 1988 年《地方政府法》的第一部分第 32 条和 Schedule 6，以及 1992 年《地方政府法》第 8～11 条和 Schedule 1。

　　② 然而，不同的政府机关和不同的服务区别也非常大，且私有企业关注点的增长也有差别。

　　③ 1988 年《地方政府法案》1989 年令：运动和娱乐设施竞争（SI1989/2488）。

　　④ 1988 年《地方政府法案》1994 年令：竞争（特定活动）（SI1994/2884）。

　　⑤ SI 1993/848。

部）和审计委员会将监督政府遵守这些法规和其他要求。当政府没有依照规定进行强制竞标活动时，国务大臣有着广泛的介入权（Vincent-Jones 1997）。

虽然招标程序很严格，但是在与直接服务组织缔约之后，政府仍有一定的裁量权来决定在多大程度上区分购买者与提供者。文森特-琼斯（Vincent-Jones 1997：154）发现了三种广泛意义上的组织结构：没有明确区分购买方/提供方的不间断的部门化组织；有紧密工作关系和有限组织化分离的"软性的发包人—承包人结构"；以及明确区分购买者与提供者职能的"硬性"分离组织。该研究指出在第二和第三种结构中，内部合同有着重要但不同的角色。在第二种情形下，合同有助于"提高履行责任"（Vincent-Jones 1997：158），但合同并没有得到严格的遵守。尤其是当事人不适用合同中的违约条款，而通过非正式的方式解决纠纷。在第三种情况下，合同被用来界定当事人的关系，且虽然由于直接服务组织缺乏独立的法律人格，该合同并不具有法律执行力，但它却被以一种严格且对抗的方式解释着。

1997 年政府的改变所带来的变化是不再强调强制性（参见Vincent-Jones 2000）。新机制下的核心概念是"最佳价值"，即"以最有效、最高效率和最经济的方式提供符合明确的成本和质量标准的服务的义务"（DETR 1998b：para. 7.2）[1]。最佳价值的实现依照对地方政府服务的"基本绩效考核"而定（DETR 1998b：ch. 7）。每五年对每一项服务进行考核[2]，考核需使用全国和地方的绩效指标。[3] 这些审查应当包括四个部分：质疑对服务的需求和当前的服务提供模式；对比服务与绩效指标；广泛咨询利害关系人；以及竞争（DETR 1998b：para. 7.18）。[4] 这似乎表明竞争只

---

① 同见对"最佳价值机构"的法定定义：1999 年地方政府法 s. 3。
② 1999 年法案，第 5 条；地方政府（最优价值）绩效计划及考核 1999 年令（SI1999/3251），第 5 条。
③ 1999 年法案，第 4 条；地方政府（最优价值）绩效指标 2000 年令。
④ 同见 1999 年法案，第 5 条第 4 款。

是保证最佳价值的方法之一。

尽管如此，在最佳价值机制下，竞争和外包仍然起着关键作用（DETR 1999：paras. 36 - 48）。白皮书 7.28 段强调了对竞争的需要："将工作保留在部门内部，而不接受实际的竞争压力，是很难被正当化的"（DETR 1998b）。然而，政府也的确考虑出了更多的选择，而不仅仅是对服务进行招标：与私人部门合作或者重建内部团队以使其符合外部绩效指标，这些也都是值得接受的方法（DETR 1998b：para. 7.29；DETR 1999：para. 44）。7.27 段简明地阐述了外包所扮演的角色："如果有其他更高效和有效的方式来提供服务，就不应直接提供服务"（DETR 1998b）。虽然不那么明显，但新的机制仍保留了强制性因素。如果一个政府机关不能应对其未达到最佳价值的情形①，那么国务大臣可以行使 1999 年《地方政府法案》第 15 条规定的广泛权力，比如，要求该政府机关接受外部管理的协助，停止直接提供服务，并使该服务接受竞争（DETR 1998b：para. 7.47）。

最佳价值机制下的内部合同，由于脱离了强制性和正式性，因而与强制竞标机制下它的角色相比，其更加地不明确。尽管如此，很难想象一个地方政府离开下述方法怎样才能满足最佳价值的要求，即通过内部合同来明确内部服务的绩效目标，为给内部服务制定不同的预算而维持有区别的会计安排。然而，因为内部服务提供方并没有独立于政府机关的法律人格，所以这些合同仍然不具有法律执行力。

社会保健合同

社会保健服务是指为特定群体，如老年人、精神病人、残疾人以及学习障碍患者，在其家中或医疗机构中提供的服务。按照

---

① 一个政府机关是否达到最优价值将受到两个方面的监督：一是其审计员就其最优价值绩效规划而进行的审计监督（1999 年法案第 6～7 条）；二是审计委员会根据其检查权而进行的监督（1999 年法案第 10 条）。

1990 年《英国国民健康保险与社区保健法案》[①]，地方政府是提供社会保健服务的主要机构。[②] 该法规定了许多措施以保证他们是通过购买而非直接提供保健服务。尽管如此，内部合同仍是此领域相对稍晚的发展。

如同其他部门的改革一样，社会保健领域的改革也反映了"新公共管理"和公共选择的理念。有人认为购买者/提供者分离的引入，有助于促使提供者对用户的需求更负责（见 Wistow et al. 1996：3 - 16）。这反映了一个更为具体的担忧，即社会保健部门更倾向于在社区而非住院机构中提供服务，这部分缘于社区中的服务接受者能保持更大的独立性，部分缘于相对于在住院机构提供服务而言，在社区提供服务通常更便宜（见 Walsh et al. 1997：18）。

改革涉及资源从社会保障部门的预算转向地方政府机构的重大转变。卫生部要求该预算中 85% 的钱都要通过与志愿团体或私有企业签订合同的方法用于独立部门（Wistow et al. 1996：14 - 15）。这意味着政府机构不能为了履行其新职责而显著地扩大其直接提供的保健服务，他们的职责是在混合市场中购买保健服务。其中有一些政府机构将部分由其内部提供的服务"外部化"，比如，通过创设非营利性的信托公司来运营住宅（Walsh et al. 1997：81 - 96）。这使他们能够持续地支持他们的提供方，虽然他们面临着很多预算使用上的限制。然而，对于那些由其内部提供的服务，政府机关并不愿意引入合同化，其大多数仍然通过科层机构而非内部合同来管理他们的提供方（Walsh et al. 1997：139）。在没有强制实行市场化的领域，市场方法并不流行，也没有被引入（Walsh et al. 1997：81 - 96）。

如上文所述，社会保健服务目前隶属于"最佳价值"机制。《社会服务观察》的一个近期报告显示，这会给政府机构与其内部

---

① 在该法之前是 Griffiths（1988）和白皮书，卫生部（1989a）。关于该政策的发展，见 Wistow et al.（1996：3 - 16）。

② 直到 1993 年 4 月该法案才以全面执行。

提供方的关系带来两个主要变化（SSI 1999）。[①] 第一，缔约时，政府不能再保护内部提供方使其免受来自私有企业和志愿团体的竞争（SSI 1999：para. 5.4）。这是政府承担确定任一被选择的服务提供模式都能够带来"最佳价值"义务的应有之义。第二，政府部门需要正规化其与内部提供方的关系，以便获得关于成本和质量的信息，而这些信息是对互相竞争的提供方进行比较的基础（SSI 1999：para. 5.38）。这篇《社会服务观察》报告主张通过内部合同来建构与内部提供者之间的关系（SSI 1999：para. 5.13）。该报告认为，这样的合同能够使内部提供者和私人提供者处于平等的地位，这一方面可构成竞争的前提，另一方面也能够鼓励政府更严格地监督其内部提供者。作为新兴领域的内部合同将会如何发展还有待观察。

中央政府

在 20 世纪晚期，保守党政府在续阶方案计划中将内部合同引入了中央政府。近期，工党政府运用内部合同来重建综合支出审查下的财政部与开销部门的关系。下文将对此进行依次的讨论。

续阶机构框架协议

续阶方案涉及将政府部门分为以下两个机构，即有政策制定职能的行政核心，和在特定情形下负有执行政策职能的半自治机构。[②] 机构通过叫做"框架协议"的内部合同与其上级部门确立关系，这些框架协议会规定机构的预算及应当达到的绩效目标。

续阶方案产生于 20 世纪 80 年代早期的行政部门的财务管理

---

① 同见卫生部（1998b），尤其是 paras. 2.60 - 2.61；ch. 7。

② 核心文件包括经营效率单位（1988）；英国内阁（1998b）；英国首相（1994；1995）。相关批判，参见 Foster and Plowden（1996）；Freedland（1994）；Greer（1992；1994）；O'Toole and Jordan（1995）。

计划。①Ibbs 报告（经营效率单位 1988）显示，为了使财务管理更有效，结构性的改变是必要的。② 而框架协议本身就能够通过制定明确的预算来控制成本；与此同时，也通过设定明确的目标来提供服务。因为预算和绩效目标是由中央部门而非自利性的服务提供方来设定的，所以具有一定的挑战性。机构也会受到来自个人和公司的激励。而相对于续阶方案实施之前其所扮演的服务提供管理员的角色而言，机构主管的角色受到了高度的关注。机构遵守目标关系着主管的薪酬福利（Greer 1994：60），这意味着如果该机构表现不好，主管的个人地位和薪酬都会受到不利影响。此外，该机构发展企业认同、探索新的工作方式都受到了鼓励。该机构在比如人事管理等方面获得更大的灵活性，反映这些变化的同时又强化了这些变化（Greer 1994：98－100）。

从某种程度上来说，竞争强化了这些压力。政府的市场检验计划要求政府部门考虑他们的职能，包括机构的部分或全部职能，是否能够外包给私人部门（英国财政部，1991）。因此，一个机构可能需要为争取其部分或全部职能而与私有企业竞标。然而，正如福斯特（Foster）和普劳顿（Plowden）（1996）所称，机构很少根据私有化或考虑市场检验而设计。这些机构可能由一些无法吸引私人提供者的古怪活动构成。因此，对于机构来说，竞争似乎不可能产生高于边际效应的效果。

机构与行政部门之间的框架协议不具有法律上的执行力。如哈登（Harden）所解释的：

> 续阶机构与部门之间的关系……不能采用私法合同的形式，因为当事人不具有独立的法律地位。法律地位是前提，是不能来源于合同关系的。因此，如果公共部门利益的组织化分离产生的任何法律问题，一定都来自公法。续阶机

---

① 改革的历史，参见 Greer（1994）；Zifcak（1994）。

② 在政府部门内部创设审计部门的想法并不新鲜：见 Fulton Report（公务员事务委员会 1968：61－2）。

构……没有任何公法上的法人人格；否则他们就能够签订合同了。（Harden 1992：46）

弗里德兰（Freedland 1994）注意到了这一观点的不一致性。机构独立于政府，并被支持发展独立于其上级部门的法人人格。但是这并不反映在它们的法律地位上：机构是虚拟组织，所以他们的框架协议就是虚拟的合同。

公共服务协议

公共服务协议是中央政府里内部合同的现代版。像框架文件一样，它们为特定的政府部门设定绩效目标。但是，公共服务协议实际上是财政部和开销部门之间的"合同"（英国财政部 1998a：para. 1. 15）。

公共服务协议产生于综合支出审查，该审查对政府开支的所有方面进行检查，并试图使这些开支更有效地专注于政府的政策重点。贯穿审查的主题之一是开销部门与财政部之间一点互惠的引入："政府致力于通过如下方式来提高公共服务，即承诺保证让所有部门用其得到的资金进行现代化更新和改革"（英国财政部 1998a：para. 1. 9）。公共服务协议使这一互惠更为明确，其中"包含（部门的）新目标及可测量的效率和有效性目标"（英国财政部 1998a：para. 1. 15）。这些目标包括通过提升效率收益百分比来促进物有所值；部门对政府政策实现的贡献，比如减少欺诈、增加信息科技使用；以及明确适用于部门本身的服务标准（英国财政部 1998c：ch. 2）。

财政部长担任一个内阁委员会（又被称为"PSX"）的主席，该委员会依照公共服务协议对政府部门的绩效进行"持续的审查和审计"（英国财政部 1998a：para. 1. 15）。另外，还设立了一个公共服务效率专家组，其成员来自私人部门，其职责在于为政府提供提高行政部门服务效率的建议。政府及其部门的年度报告都需要描述目标的完成情况（英国财政部 1998c：2）。然而，对未能达到目标的制裁却相对模糊。内阁委员会的职责被认为是咨询性的（英国财政部 1998c：2）。其中特别明确陈述的是："若未能达到目标，资金将毫无疑问地从为该部门所制定的预算中扣除"（英国财政部 1998c：2）。

这些协议不太可能产生法律执行力。财政部不可能因另一个部门未能实现绩效目标而将其诉至法院。理论上，政府部门可以以自己的名义而非王室的名义签订合同（Daintith and Page 1999：32），但是面对政府部门之间的纠纷，法院可能决定将行政部门视为一个整体。① 可诉性原则和创设法律关系意图的缺乏也可能被用来撤销财政部与政府部门之间的案件。同框架协议一样，公共服务协议也有着强烈的虚拟性。即便如此，它们的确反映了中央政府通过"合同"制定明确的绩效目标来控制政府部门（它们有很高程度的职能自主性（functional autonomy））的愿望（Daintith and Page 1999：192）。

作为一种类别的内部合同

要证明内部合同可以作为一种类别来进行研究，就需要证明它们的主要特征是相同的。而强调它们的区别也同样重要，这样可以保证没有不当地归纳一种合同和其他合同的研究结果。本节的第一部分将讨论三个关键问题：内部合同的法律地位；购买方与提供方之间的组织化分离的程度；当事人对合同相对人进行有意义的选择的程度。在考虑内部合同的经验能否适用于外部合同（将于第九章讨论的问题）时，这些讨论可能也具有一般性的意义。在对核心特征讨论的基础上，本节第二部分将解释选择英国国民健康保险合同作为内部合同的案例的正当性。它们也可以说明这一选择的理论和实践原因。

内部合同：相同点与不同点

所有本章第一部分涉及的合同都符合"内部合同"的定义：

---

① 这是通过使用 Town Investments v. Department of the Enviroment 案（1978 AC 359）中王室的概念而实现的。

它们是两个公共主体之间订立的协议，其中一个公共主体完成特定的活动以获得另一公共主体提供的预算。但除此之外它们还有什么共同点？

第一个问题，也是最重要的，所有本章已经讨论的合同都不具有法律执行力。通常是因为合同的当事人缺乏独立法律人格，在英国国民健康服务中，有明确的法律规定排除了法院管辖。[①] 在理论层面上，一些学者据此否认用合同化进行比喻的正当性，并建议使用比如"类合同"这样的术语（Foster and Plowden 1996：171；Harlow and Rawlings 1996：210）。这些术语在强调合同化改革的局限性本质上起着重要的作用："合同"一词通常的内涵并非都适用于内部合同。但不应允许它们遏制通过改革使合同化更全面有效的可能性：它们将会使内部合同更加"合同化"。第三章将会回到这个问题。

在实践层面上，内部合同不具有法律执行力这一事实意味着，违约或者合同履行过程中产生争议将会产生何种后果是不明确的。当然，在竞争市场中，合同通常是具有自我执行力的：提供方会因担心失去生意而履行合同。当事人也只会在他们的关系破裂时才会使用作为最后办法的诉讼（Macaulay 1963；Beale and Dugdale 1975）。即便如此，诉讼仍可作为一个重要的潜在威胁而存在（Deakin et al. 1997）。因此，内部合同存在的一个普遍问题就是：在缺乏诉讼可能性的情况下，需要寻找到有效的执行方法。法律著述提供了很多的制裁建议。在公共服务协议中，如上文中提到的，履行监督职能的内阁委员会只会对未达到目标的部门提出建议（英国财政部 1998c：2）。就续阶方案而言，在框架协议中机构主管的绩效工资可能与目标捆绑。而在地方政府和英国国民健康服务中，当事人自己在他们的合同中就规定了制裁，比如罚金条款。

第二个重要的问题是，合同的双方当事人，即购买方和提供

---

① 1990 年《英国国民健康保险与社区保健法案》第 4 条第 3 款。

方，事实上在多大程度上是相分离的组织。对于许多评论者而言，这是科层管理关系在多大程度上被合同关系所替代的重要指标。购买方/提供方分离在英国国民健康服务中最为完整，无论是法律形式还是组织结构都显示了这种分离。其中信托公司被作为法定公司而得到创设，它们有自己的董事会①，直接对英国国民健康服务管理者负责。并且随着全科医生费用负责制计划的引入，信托公司不仅要对卫生局（它们的前管理者）负责，还要对一系列以前没有管理关系的新购买者负责。

在其他情形下，购买方/提供方的分离较为模糊。独立的法律人格并没有在地方政府或续阶方案中得到应用。但是正如一个公共服务协议的例子所显示的那样，虽然这些组织的法律地位不明确，但他们制度化分离的程度可能令人惊讶。对强制竞标合同和续阶机构框架文件的实证研究显示，实践中的组织关系区别可能非常大。一些可能很独立、正式，并非常依赖于合同的明确条款。另一些则更为密切和非正式，只是选择性地运用合同，甚至可能不用。

如之后的章节将会谈到的那样，过分依赖将"独立"关系作为合同化成功的指标是不恰当的。对商业合同的研究显示，它们可能适用于从离散到相关范围内的任何一点（Fox 1974；Macneil 1974；Sako 1992）。在相关的一端，缔约方各自的角色都是模糊的。而那种认为只有离散的关系才是合同化的观点，就忽略了其他种类的合同化关系的大量证据。事实上，由内部合同产生的各种关系正是它们最重要的共同特征之一。

第三个问题是：当事人能在多大程度上选择是否与对方缔约。从某个层面上看，这只是一个有关产生内部合同的市场竞争力的实践性问题。它与合同是否能有效地被执行有关，并且与上文讨论的法律执行力密切相关。地方政府服务看上去是最具竞争力的，因为在强制竞标机制下政府要进行招标，在最佳价值机制下他们

---

① 1990 年《英国国民健康保险与社区保健法案》，第 5 条。

又被鼓励参与市场的"创设"。如之后的章节将会呈现的那样，在英国国民健康服务中，一些购买者在合理的距离内有相当多的提供者可供其选择，然而另一些（比如，在农村的购买者）却不得不与一个提供方签订提供大多数服务的合同。在续阶计划的背景下，虽然机构的某些工作需要接受市场检验，但就机构整体而言，这一政策的影响相对较小。因此，虽然在提供一个特定的监狱方面可能存在竞争，但是似乎不可能在监狱局的所有工作中都存在有意义的竞争。公共服务协议中的竞争也是模棱两可的，虽然为获得政府资金，部门之间也要进行竞争，但他们并不为其职能而进行竞争。① 无论是财政部还是开销部门，都不能作出拒绝同意公共服务协议的选择。但是为最大化其预算，开销部门的确有很强的合作动机。

部分内部缔约情形下竞争的薄弱，又为评论者提供了一个批评使用"合同"这一术语的理由（Vincent-Jones 1994a）。传统对合同的理解是：合同是自由的个体相互承诺的结果，其中每个人都可以选择是否缔约以及按何种条款缔约。缔约自由原则仍然是现代合同法的核心。② 但是，比如在英国国民健康服务中，却没有给予这一原则尊重（Allen 1995），当事人（至少是事实上）有缔结英国国民健康保险合同的义务。购买方不得不履行它们的法定职责以保证保健服务的提供③，并且在缺乏任何直接管理部门的情况下，这只能通过与提供方签订合同来实现。提供方需要保证一定的收入来填补支出④：这只能通过与购买方签订合同来实现。如果当事人不能达成一致，国务大臣有权为当事人双方强制规定一些特定的条款，甚至可能是整个合同。⑤ 在竞争比较薄弱的地方，因为特定的信托公司在当地垄断了服务提供，所以购买方可能不

---

① 当然，在部门和偶尔的边界变化之间会发生边界纠纷，但是这些是在 PSA 程序之外发生的。

② 虽然这也不是不受限制的。(Collins 1997)。

③ SI 1996/708（卫生局）；SI 1996/706（费用负责制诊所）。

④ 1990 年法案，第 10 条第 1 款。

⑤ 见 1990 年法案的第 4 条第 6、7 款。

得不与其缔约。① 任何一个特定的内部合同偏离于传统合同自由的程度，当然都是一个需要实证调查的问题，但就表面而言，至少一些内部合同是发生在高度受限的情况下的。

内部合同有三个共同（且不一般）的特点：它们都不具有法律执行力；它们发生在不需要正式分离的组织之间；它们并不必然产生市场竞争中的自由承诺。这些共同特征使得为研究和改革的目的将内部合同作为一种类别进行考量具有适当性。第三章在讨论影响内部合同的相关争议以及改革的可能性时，将会详细讨论此处提出的一些问题。

选择个案研究

本书的余下部分，尤其是第六至八章，将通过对英国国民健康保险合同的实证研究，探讨改革内部合同规制框架的可能性。由于研究时间的限制，将研究专注于一个实例是有必要的。选择英国国民健康保险合同有着理论和实践的理由。

从理论层面上来说，一个好的个案研究应当产生一个在其他情形下也能"推广适用"的结果。英国国民健康保险合同似乎处于竞争和选择之间的中间段：购买方在边际上有一定的选择权。② 本研究致力于就以下两个方面提出一些见解，即购买方在内部竞争市场上的地位，和购买方只能选择与特定提供方签订合同时的地位。因此，从对英国国民健康保险的研究中所得出的结论，可以适用于位于竞争图谱范围内任一极的内部合同。

一个更为正式的组织性分离，构成了英国国民健康保险与其他任何种类的内部合同的区分，但这很可能是一项优势，尤其是它使得该研究可以检测一个假设，即通常情况下，评论者一般都认为：合同化成功的关键在于购买方与提供方之间更为正式化的分离。无论如何，早期的实证证据显示，英国国民健康保险合同

① 见第八章。
② 见第八章。

实际上产生了多种由离散到相关图谱内的关系，比如强制竞标机制甚至可能续阶方案。仲裁体系构成了英国国民健康保险合同和其他内部合同的另一个主要区别。虽然存在这一区别，但有两个理由可以说明英国国民健康保险仍是个案研究的好素材。首先，证据显示仲裁的运用是比较少的，这使得英国国民健康保险合同与其他内部合同一样，都没有纠纷解决机制。其次，英国国民健康保险不时地使用和解，这可以为其他领域提供一个可适用的模型，因而是值得深入研究的。

此外，在实证研究的可行性方面，英国国民健康保险合同也有显著优势。因为这些合同本身就是公开文件，所以可以相对较容易地获得。就研究站而言，英国国民健康保险也提供了相当多的选择：当一些购买方和提供方拒绝参与研究时，还能找到替代者。英国国民健康保险合同的数量也使得在一个相对较短的时间内研究和比较不同的关系成为可能。此外，在本研究期间，无论是英国国民健康保险内部还是外部，该合同都是讨论和争论的重点。本研究发生于内部市场引入四五年之后的 1996—1997 年，在此期间，改革初期的震荡得以缓和，成熟的评估程序也正在发展。在英国国民健康保险内部，工作人员都积极地考虑如何最好地设立和使用合同关系，接受访问者也因此能够分享他们自己对工作的一些思考成果。在研究站之外，出现了越来越多来自不同学科的关于改革的专著和实证证据，其中经济学和社会学尤为明显。对于本研究实证工作的完善而言，这些工作都是无价的分析和补充数据的源泉。

无论从理论上还是实践上来说，英国国民健康保险合同都是一个个案研究的好选择。尽管如此，本书中任何有关更大范围内适用英国国民健康保险个案研究结果的主张，都只是以尝试性的、谨慎的方式提出的。本研究应仅仅是深入研究的出发点，而非其他情形下相关问题的解决办法。

第三章

争议与改革

————•O•————

与更一般意义上的合同治理一样，内部合同也受到了很多来自法律著述的批评性评论。本章第一部分将讨论两种重要的批判。第一种主要来自续阶方案方面的法律著述，他们质疑合同是否真的引起了购买方与提供方之间的独立关系。评论者已经意识到部门和机构之间的职责区分是很难达到令人满意的程度的，并提议部长可以继续干预机构的活动（比如，Foster and Plowden 1996）。第二种批判与内部市场改革的关系更密切，其疑问在于是否存在足够的制裁以使合同有效。在商业背景下，最重要的制裁可能来自市场压力（Macaulay 1963），然而，如同第二章所提到的那样，除部分地方政府和英国国民健康保险合同外，大多数内部合同并非是在竞争很激烈的情况下签订的。

本章的第一部分认为这两个反对意见都反映了，或至少部分反映了，一个更为根本的问题，即内部合同既不受法律规制，也不具有法律执行力。职责界定问题的产生，部分缘于当事人并没有认真地对待合同条款，也缘于环境改变时他们也没有试图正式地变更合同。执行力的问题并不仅仅是因为不能获得诉讼救济，缺乏竞争压力也是原因之一，但缺乏诉讼救济的确是一个促成因素。迪肯（Deakin et al, 1997）的研究显示：合同关系中更高程度的法制化有助于减少纠纷，甚至诉至法院的情形本身也是很少见的。

当然，实证研究是需要对法律著述中反映出的问题的程度进行评估的。但是，如果不能对改革提出现实的选择，研究也就失去了意义。因此本章的第二部分将探讨，为内部合同建立适当的规范框架以及纠纷解决机制的可能方法，并将深入研究公法而非私法带来的种种可能性。从规制方面来说，现有的私法原则似乎没能为内部合同可能产生的问题提供细致入微的解决方法，所以，从公法中发展新的规则可能是更好的做法，而且公法更利于（比私法更有助于）使用替代性纠纷解决机制，以取代通过法院来执行的渺茫的可能性。

围绕内部合同的争议

第一章中所讨论的与合同治理相关的一般性争议，同样适用于内部合同。宪法性法律未能控制政府有关通过合同重组其内部关系的决定。此外，由内部合同构成其一部分的改革，似乎并没有充分地考虑到其他公共利益价值，比如公众参与。而有关缺乏具有法律执行力的政府合同的行政法控制的讨论，也被内部合同中一个更宽泛的争论所替代，这一争论产生于一个有争议的事实，即内部合同既不受到法律规制，也不具有法律执行力。法律著述中提出了两个主要问题：一是购买方与提供方职责分离的问题，二是保证当事人遵守他们的在合同中的承诺的问题。

职责分离

正如第二章已经解释的那样，政府内部的合同化通常涉及，用分别的购买方和提供方组织之间的合同关系，替代单个组织内部的科层管理关系。有人认为这可以增强提供方的责任，但是评论者发现明确区分购买方和提供方的职责非常困难，并且这样的尝试可能会将责任模糊化，而非明确。

有人主张改革将从三个主要方面增强责任。第一，由垂直管理转变为"合同"管理，使得绩效标准、监督机制等的正规化成为可能[1]，问责程序也会更为明确和透明。[2] 第二，有人认为将政

---

[1]　Greer（1994：68 - 75）和 Zifcak（1994：43）讨论了设计明确的绩效测评手段的一些困难。

[2]　见 Freedland（1994）中引用的续阶计划报告 1993。Nelken（1987）陈述了在极其不同的背景下却非常相似的合同优势。

策制定或购买与提供分离，会使得承担责任者与负责提供者一致变得更不可能。"新公共管理"受到公共选择理论中部分观念的影响，这些观念认为官僚本质上是自利的，他们致力于增加预算和提高其组织地位，而非为他们应当服务的群体谋利（Downs 1967；Niskanen 1971；Tullock 1965），因而不能信任他们会自觉地提供有效和高效的服务。为确保真正的责任，来自比如购买方的独立审查是有必要的（财政部 1991；Ferlie et al. 1996）。第三，竞争（像英国国民健康保险的服务中）可以支持甚至完全取代合同责任的正式程序：服务提供方会达到要求的标准，因为他们会担心如果不这样做他们就会输给竞争者。[①]

评论者却并不认为可以明确购买方与提供方的职责。而官方文件似乎认为这两种职责是有本质区别的：购买方决定政策；提供方执行该政策（比如，经营效率小组 1988：10；NHSME 1989：para. 2.11）。然而，众所周知的是划定政策与执行之间的界线也是很困难的（Simpson 1996；Woodhouse 1994）。比如，部长应当与国有化工业保持"独立的"关系，但实践中，他们常常试图通过操作细节进行幕后干预（Foster 1992：ch. 3；Prosser 1986）。因此在续阶机构方面，有人认为一个机构的工作越具政治敏感性，这个机构就越不可能得到真正的独立（Greer 1992；1994；Zifcak 1994）。同样的困难也存在于相反的情况：因为经营性机构已经积累了相当多的有关其领域的专门知识，所以在提供政策建议时，他们也能处于关键地位。[②]

合同化执行体制中的两个弱点，使得购买方与提供方之间缺乏本质区别的情况更加恶化。首先，第二章提到过，除了英国国民健康保险之外，购买方/提供方并非法律上认可的两个新的具有独立法律人格的组织。当然实践中，企业可以通过其他方式构建

---

① 见，比如，卫生部（1989b）从正面的角度说明了同样的问题：成功的提供方会吸引更多的资源。

② Greer（1994：68）指出，所有社会保障机关的机构框架文件都有关于提供高质量政策建议的目标。

其形象：比如，大多数续阶机构都有自己的徽标。尽管如此，非正式的购买方/提供方的分离非常依赖当事人的自我约束。其次，由于内部合同不具有法律上的执行力，所以没有什么可以约束当事人遵守条款规定。这意味着，提供方不能依据该合同的条款来阻止购买方的干预。比如，政策重点改变时，部长可以坚持要求续阶机构以不同的方式行事，却并不就修改其框架协议的条款进行正式的协商（Zifcak 194：87）。

显然，如果这些担忧在实践中都发生了，那么改革就不能保证上文中提到的区分提供与购买的优势。此外，议会和公众可能会因他们职责的不明晰而感到疑惑。尤其是发生问题时，任一方都可能以责怪另一方的方式来避免责任的承担（Bruce and McConnell 1995）。早期的实证证据显示，这些批判中的大多数都是发生过的。购买方/提供方分离的引入带来的大量不同关系的产生，也证实了购买和提供之间没有本质区别（Greer 1994；Vincent-Jones 1997）。监狱服务机构臭名昭著的问题说明了，对于具有政治敏感性的机构来说，行政干预是不可避免的，也说明了相互指责的问题在机构面临失败时是存在的（Foster and Plowden 1996；下议院公共服务委员会 1996）。

然后，地方政府中另外一个关键问题导致整个情况更为复杂。Vincent-Jones（1997）发现，与同直接服务组织保持密切关系的地方政府（比如同一个部门内保留了购买方和提供方的职能）相比，那些将直接服务组织设为独立组织的地方政府有着更富建设性的内部工作关系。因而，严格地区分这两种职责，可能也会产生自己的问题。第六章将讨论英国国民健康保险中有关这个问题的实证证据。①

遵守承诺

法律著述中的第二个争论涉及内部合同的执行力：提供方是

---

① 本章还将讨论中央政府意图将权力委托给购买方的问题。虽然中央和购买方的关系并没有明确地以合同来构建，但是同样会产生自治和控制的问题。

否会遵守它们？这与第一个担忧相关：如果购买方不太可能遵守他们为提供方制定的条款，那么就很难理解提供方为什么要遵守这些条款。这一争论可能在比如与英国国民健康保险、社会保健和地方政府有关的"市场"情形下，才能得到最清晰的阐述，但它却适用于所有的内部合同（参见 Collins 1999：303‐20）。

商业背景下通常的预期是合同具有自我执行力（Macaulay 1963），因为它们产生于竞争市场。提供方通过与其他提供方的竞争赢得了合同，而遵守购买方的条款就能获得将来的订单。因为他们害怕输给其竞争者，所以他们会高标准地履行合同。在这样的观念下，一些合同化的实例便得以引入。比如，在英国国民健康保险和社会保健中，有人认为服务提供者之间的竞争会维持甚至提高履行标准和成本效益（卫生部 1989a；1989b）。

正如第二章所解释的那样，评论者就各种不同的情形下市场压力发挥作用的程度提出了质疑。比如，在英国国民健康保险中，市场的竞争性就受到一系列因素的影响。[1] 一个是地理因素，在大多数地区，一些急诊病例会自然地流向特定的医院，这一流向是购买方没有能力改变的，于是他们不得不与这些医院续签合同，以之作为这些医院提供服务的代价。即使那些具有选择性的治疗，购买方也受到一定的限制，因为在其与接受治疗地的距离方面，患者的接受程度是也有限的（Barker et al. 1997）。已有研究使用比如 30 分钟的行程时间来估计患者可接受的距离（Propper and Bartlett 1997）。另一个因素就是容量：尤其在冬季，大多数医院都人满为患，根本无力"偷"其他提供方的患者。其他情形下也存在不同的制约。比如，在强制竞标机制中，常常有人提出，政府将特定服务打包并不必然使得它们对私有企业更具吸引力[2]，并且更根本的是，私人服务提供市场尚未得到充分发展，政策所创

---

[1] 关于这一点有大量的文献。见，比如，Klein（1995）；Propper and Bartlett（1997）；Barker et al.（1997）；Spurgeon et al.（1997）。

[2] 例如 Harlow and Rawlings 对《环境部 10/93 号文件》（paras. 7.9‐7.10）的引用。

造的新机会并不能得到很好的利用（比如，Walsh et al. 1997：103 - 13）。

当然，竞争并非使合同具有执行力的唯一方法，当事人可以尝试各种各样的自助策略，比如，在合同条款未得到履行时减少支付合同的价款。这些方法在地方政府（见，比如，Vincent-Jones 1997；Walsh et al. 1997：128 - 39）和英国国民健康保险的内部合同中都被使用过。第八章将进一步讨论它们在后一情形下的影响。但是即便是此类制裁，在某些情形下也并不明显。比如，在公共服务协议中，如果一个部门没有实现既定目标，对其负有监督职责的内阁委员会也只能给予其建议（财政部 1998c：2）。

更根本的是，如第二章已经阐明的，内部合同并不具有普遍的法律执行力。众所周知，即使能够提起诉讼，商业上也很少进行诉讼。他们更喜欢通过协商解决争议，为公平交易而维系相互关系和声誉（Macaulay 1963），尽管如此，诉讼的潜在威胁可能会起到重要的作用。科林斯（Collins 1993：317）确信私法上的可执行性可能产生两个相互关联的功能。私法制裁迫使人们做出可信的承诺，并迫使他们为违背这些承诺承担责任。他认为缺乏私法制裁，将会使得内部合同没有效力，缔约方也不会试图去达到合同中规定的标准，其结果可能导致在合同的缔结阶段他们都不会关注合同是怎样起草的。简言之，不具有执行力的合同就不会受到重视，并且在缺乏其他执行模式的情况下，尤其是在缺乏竞争压力的情况下，这一问题将进一步恶化。

如果评论者有关内部合同的缔约方不会认真对待该合同的预测是正确的话，那么将产生的问题就会相当明显。支持合同化的一个主要观点就是：它会使服务提供方对购买方信守承诺。但是如果购买方不能执行其合同，提供方将缺乏履行合同的动力。在合同关系中，购买方将变成多余的，并且实际效果是：提供方将会自己决定绩效标准。

小 结

本节所讨论的两个争议——职责界定和有效性，似乎都与一个事实相连，即内部合同并未为法律所规制或执行。因为缺乏有关何种情况下能够订立或改变合同的法律规定，所以购买方可能在没有合同授权的情况下，试图去干预提供方的活动。并且因法律没有提供执行合同的方法，所以提供方可能会试图违反给他们设定的目标。

虽然本节中的一些观点的确有实证支持，但仍需对各种情形下的内部合同进行进一步研究，以更深入地检验它们的有效性。然而，如果实践中存在问题，找到一个合适的解决方案将不会是一个简单的任务。目前的讨论似乎指向用法律来规制和执行内部合同，但这是极具争议性的。因此，在进行任何实证研究之前，讨论一下改革在理论上的可能性似乎更为适当。下一节就将处理这个棘手的问题。

改革的选择

解决内部合同问题的一个简单方法就是废止它们。一些政府将合同化作为其指导思想，因而，他们可能在一些经济理论通常情况下并不支持该治理方式的领域中引入合同（Vincent-Jones 1994a）。有效缔约的必备条件，即有经验的购买方、缔约方之间的相互信任等，并非在所有情形中都具备（Vincent-Jones 1994a）。此外，强调企业家行为和冒险，可能会削减廉洁正直和谨慎这样的关键性公共服务价值（Foster and Plowden 1996）。法律著述中有很多有关这方面的有用的批判，但是本书并不试图成为其中之一。两个主要政党政府均已运用和发展内部合同，因此该合同方法似乎是公共领域中一个相对持久的特征。因此学者们所面临的迫切任务就是：在不对这些有关合同可取性的广泛讨论持有任何偏见的前提下，思考能够使它们更有效的方法。

就内部合同法律结构的改革，有两种可能的方法：要么赋予它们普通私法合同的效力，要么建立规制和执行的公法机制。① 乍

---

① 还可能结合使用公法和私法的规则。为了简单明了，本章不考虑这个更为复杂的选项。

看之下，公法的解决方法似乎最理所当然：内部合同发生在公法主体之间，而公共部门内通常都是运用公法进行规制的，但传统上政府合同主要被视为私法问题使得这一解决方法变得更为复杂。因此有必要讨论，是否应当采纳私法的解决方法，或者是否应当探索发展新的规制内部合同的公法框架的可能性。下文将讨论这一问题。但首先必须要明确的是，规制和执行都与内部合同相关。

作为符号的合同

有人可能会主张内部合同只具有符号价值。它们只是用来设定当事人渴望达到的目的，即：如果事情都进展顺利，他们希望达到的目标是什么。而决定不让合同具有法律执行力，可能就反映了仅仅是利用合同这一术语的故意。① 这可能意味着保证提供方履行合同的观念是不恰当的，或至少是被过分强调了，所有的都只是要求提供方朝着目标努力。同样，主张合同中购买方的行为应当被规制的观点也是错误的。因为提供方没有遵守合同的义务，所以无论购买方期冀的是改变抑或重新定义要实现的目标都没有意义。购买方也不需要遵守与提供方协商变更合同的程序。实际上，合同关系只是在希望实现的目标方面更正式的科层管理关系。

"新公共管理"的一些方面的确涉及目标的声明。比如《公民宪章》就为公共服务的消费者设立了各种权利和预期，但它们很少能在任何程度上被"执行"（英国财政部 1991；Barron and Scott 1992；Willett 1996）。有人可能会主张仅仅通过进一步明确他们的目标就能提高公共服务的水平（Harden 1992：71），但这一主张与"新公共管理"所主要根据的公共选择理论的前提不相符合。其前提之一就是，官员本质上是自利的，除非他们受制于严格的责任机制，否则就不能相信他们会服务于公众（Downs 1967；Niskanen 1971；Tullock 1965）。而不具执行力的承诺只可能

---

① 许多评注法学派非常强调内部合同不是"真正的"合同这一事实（比如，Harlow and Rawlings 1997；Hughes 1991），但是对于符号化解释的可能性却未给予任何关注（though cf. Vincent-Jones 1994a）。

在一种情形下被遵从，即存在使工作人员在缺乏制裁威胁的情况下也愿意遵守承诺的公共服务理念。此外，"新公共管理"的支持者并没有预见到，内部合同是不具执行力的。他们主要关注通过竞争压力来管理提供方：当直接服务组织处于与私有企业经常性的竞争中时，很难说他的合同不具实践中的执行力。但"新公共管理"理论忽略了，内部合同的弱点只在缺乏有效的服务市场的情况下才显现出来。作为改革者意图而存在的"作为符号的合同"观点似乎并不合理。

即使合同化并非旨在仅具符号效力，人们也可能认为（比如，考虑到竞争的问题）这是对改革做出的最适当的事后解释。但两个观点对这一更具限制性的主张提出了质疑。首先，引进合同化似乎非常昂贵（比如，Webster 1998：203 - 4；（另外还可以对比Walsh 和 Davis 的观点，1993））。当然，无论是先计算改革的成本，还是先比较合同和之前的科层管理关系的交易成本，都是很困难的。但在一些活动中却涉及了实质性的开支，比如从购买方和提供方的角度对服务进行重构；进行招标活动（在可适用的情形中）；协商合同目标；起草合同文件等。如果所产生的合同只是符号性的，这些成本如何可以正当化则不清楚。

第二个反对符号化解释的主张是：符号化解释的主要优势在于其灵活性，但该优势并不必然会因更强调内部合同的规制和执行而被破坏。这类合同通常涉及复杂的公共服务（对比 Day 和 Klein 的观点，1987），因此，它们所包含的许多承诺都只能是附条件的和不确定的。比如，医院努力达到择期手术的特定候诊时间的目标，而这一目标得以实现的假设性前提是，没有突然激增的使得医院不得不取消择期手术的紧急病例。作为公共服务提供者的医院，不能为了践行合同承诺就简单地拒绝紧急病例。任何试图严格履行承诺的尝试都将产生令人不快的结果。但符号化解释是建立在对合同起草和执行的可能性的误解之上的。虽然会产生额外的成本，但当事人之间的协议可以允许不履行合同的合法理由的存在。即使协议不是这样起草的，也可能暗示适当的条款。

因此，在不损害对于内部合同来说具有关键性的灵活性的前提下，也可以采纳赋予内部合同多于符号效力的政策。

私法还是公法？

如果内部合同不应仅被视为符号，而应以某种方式被规制和执行，就有必要决定如何规制和执行它们。而就实现这些目标来说，公私法各自优势方面的比较还远不够明确。

进行这样的比较遇到的第一个方法论问题就是：界定公法和合同法，而有关它们的内在政策和原则却有着根本性的争论。比如，公法关涉对政府活动的约束[1]，而合同法关涉执行当事人做出的承诺（Fried 1981）[2]，但这两种主张都是可反驳的。公法同样涉及给政府实质性的自由裁量权[3]，比如通过韦德内斯伯里非理性[4]和可诉性，这似乎与合同法尊重当事人自治的规定是类似的。合同法保护如雇员和消费者一般的弱势缔约方免受权力滥用的侵害，这是它与公法共同的特征（参见 Collins 1997）。的确，近期很多有趣的关于公私法划分的研究成果都强调二者在学说上关注价值的相似度（Oliver 1999）。

第二个方法论问题就是难以比较公法和私法有关合同的规定，因为它们处于完全不同的发展阶段。私法上的合同有着一系列长期发展的复杂的理论。如果内部合同具有私法上的执行力，那么改革的效果可以相对比较容易地推断出来，即可以知道在合同的制定、违约等方面适用何种规则。相反，公法并没有一套类似的有关合同的理论。当政府和私有企业订立了合同，该合同在私法上具有执行力，而正如第一章所解释的那样，在公法上，仅有极少可适用于该合同的尚处于发展初期的规则（参见 Craig 1999：

---

① 哈洛（Harlow）和罗林斯（Rawlings）著名的"红灯理论"（1997：ch. 2）。

② 当然，关于合同法有数不清的理论：关于保护信赖，见 Atiyah（1986）；关于促进交易，见 Kronman 和 Posner（1979）。

③ 哈洛和罗林斯的"绿灯理论"（1997：ch. 3）。

④ Associated Provincial Picture Houses v. Wednesbury Corporation，1948 1 KB 223.

121 - 62）。这意味着将公法规则适用于内部合同更具不确定性。目前考虑的是是否可能将现有的原则扩大适用于政府合同，比如，已经适用于其他政府功能的自然正义原则。

这些方法论问题对讨论本章问题的本质具有重要意义。下文将讨论到将普通的合同法规制适用于政府内部合同所存在的两个问题。在规制方面，下文将提出合同法并不能提供适合内部合同的规则。本书这一类的研究不可能彻底研究所有相关的合同法规则。作为替代，下文将提出一些例子以期说服读者，探索合同法限制之外的具有建设性的可能是值得的。在执行方面，很多主张都认为相对于诉诸法院而言，运用替代性纠纷解决机制解决内部合同中的问题更具可取性。下文将指出，私法解决方法会面临比公法解决方法更多的问题，因此下文将说明发展适用于内部合同的公法规则是值得进一步研究的。

规　制

关于私法规制可能性的讨论将专注于两个主要的例子：自然正义和罚金条款。将自然正义原则适用于内部合同服务于数个目的。在合同协商阶段，购买方承担着比如给予提供方评价合同文件各个方面的机会的义务，在非竞争性的内部合同情形下这点尤其吸引人，因为此种情形下提供方不能选择拒绝与购买方缔约。在合同履行期内，根据自然正义原则，在施以罚金之前，购买方需要予以提供者解释其行为的机会，这能够帮助购买方公平、准确地做出是否要求罚金的决定。

如第一章提到的那样，在合同法中，自然正义原则仅在非常有限的范围内运用。在合同协商阶段，普通法施加的义务也很少①，并且法院拒绝承认任何一般性的原则，比如善意磋商的义

---

① 　然而，如第一章所述，依据欧洲公共采购规则，政府需要使用公平透明的招标程序。

务。[①] 当然也存在例外，其中最显著的就是虚假陈述原则，该原则使得当事人在因对方的误导性陈述或个别情况下不公开材料的事实而订立合同时，能够获得损害赔偿或解除合同，或者同时获得这两种救济（参见 Treitel 1999：ch. 9）。但是自然正义原则并不适用于这一阶段，因为合同尚不存在，法院不能使用默示条款以推定要求遵守合同。

然而，一旦合同签订，默示条款就能有所帮助。自然正义原则的要求被认定为默示的情形可分为三种较为宽泛的类别：被协会或俱乐部开除，被工会开除，以及被免职（进一步分析见 Beatson 1995；Oliver 1999）。虽然法院认为被协会或俱乐部开除应适用自然正义原则，但他们并没有一贯地适用这一规则：比较 Weinberger v. Inglis 案[②]和 Lapointe v. L'Association de Bienfaisance et de Retraite de la Police de Montreal 案。[③] 有关工会的案件，批评也很多：见，比如，Stevenson v. United Road Transport Union 案。[④] 被免职的案件也同样如此（如 Ridge v. Baldwin 案)[⑤]，虽然此类案件中，法院拥有认定一个人的雇佣是否属于履行"职务"的裁量权，且已有一些相对宽泛的法律解释，比如 Malloch v. Aberdeen Corporation 案[⑥]，但法院并没有把自然正义原则转换为雇佣关系中的一般性要求（Deakin and Morris 1998）。

这些案件似乎有两种主要的推理。第一种推理重点都放在了强调俱乐部、工会或雇主开除或免职个人之前，该个人满足了他们在特定问题上的需要。比如，史蒂文森（Stevenson）案中[⑦]，

---

① 比如，见 Interfoto Picture Library v. Stiletto Visual Programmes，1989 QB 433。有关采纳善意磋商作为一般义务的具有说服力的主张，见 Collins（1997：ch. 10）。

② 1919 AC 606.

③ 1906 AC 535. 同见 Wood v. Woad，1874 9 LR Exch. 190；Shearson Lehman Hutton v. Maclaine Watson，1989 2 Lloyd's LR 570。

④ 1977 ICR 893. 同见 Lee v. The Showmen's Guild of Great Britain，1952 2 QB 329。

⑤ 1964 AC 40.

⑥ 1971 1 WLR 1578.

⑦ N. 18，见上。

在他使得工会执行委员会"满意"的前提下，该工会官员可以继续任职。以听证的形式出现的自然正义，在决定是否有证据显示官员未能履行自己的职责方面是有必要的。这一推理也可适用于政府内部合同，即在确认是否同意购买方认定的提供方未能提供符合标准的服务，并要求扣减每月的合同款项时，法院也可以默示需要举行听证。第二种推理反映了相关决定对个人的影响。比如，Lee 案中①，在公司只雇佣工会会员的情况下，将原告开除出工会将会剥夺他的生计。自然正义在内部合同中的适用性，也可说明这一原则对于法院在案件中推理的重要性。当一个公共主体的存亡取决于它与购买方之间的合同时，该公共主体可能会得到一些声援，但对于法院来说，相对于一个个人与强有力的集体或者雇主之间的不平衡而言，两个公共主体之间的权力不平衡，可能就不会那么明显（因而更不可能得到同情）。

因此，私法似乎不会为内部合同提供比较有利的自然正义原则的保护。在合同协商阶段，自然正义原则并不适用，而在合同履行阶段，其能否通过默示条款得以适用也是不确定的。当然，如上文所述，私法可以发展以将默示条款扩展至内部合同。但对于这一提议有两个地方需要重点注意。如果提议只是将私法原则扩大适用至内部合同，那么这可能并不算"私法"的发展。虽然默示条款是私法的技巧，但如果它只是运用到公法主体之间，那么将这一发展归入公法可能更为合适。但如果提议是将私法原则扩大，以包括更一般意义上的自然正义保护，那么就会引起更宽泛的合同法改革的问题。当前，私法中能适用自然正义原则的显著情形是，它们与行政决定非常相似，比如在涉及工会的案件中，该强有力的组织需要作出如何回应个人行为的决定时。现在还不清楚的是，将这种保护扩展至比如说一般性商业背景下是否可取。

另一个选择就是，通过公法发展出适用于内部合同的自然正义原则。当然，自然正义是公法中得到很好发展的原则之一：它

---

① N. 18，同上。

是 Diplock 勋爵在有关 GCHQ 案的演讲中提出的可以进行司法审查的三个理由之一。[1] 而它是否适用于政府合同是不确定的，因为政府合同通常被认为是私法问题。如第一章说明的那样，招标阶段是否可适用自然正义原则，取决于法院是否愿意在案中发现充足的"公共因素"[2]。"公共因素"测试的适用具有固有的不明确性（Craig 1999：773）。但这至少意味着，如果没有产生公私划分的问题，比如明确地认定内部合同受制于公法，那么，在合同协商阶段就可以很容易地适用自然正义原则。公法上尚没有在合同有效期内适用自然正义的先例，但同样，如果有关是否从承包商的月薪中扣钱的决定被认为具有公共属性，那么适用自然正义也没有任何困难。更重要的是，没有必要通过正当化合同默示条款来构建这样做的理由：自然正义原则就是法律的规定。第七章将更详细地讨论如何做到这一点。

通过私法规制内部合同存在的固有问题，此处将讨论的第二个例子就是有关罚金条款的规则。其中的争议点在于：政府作为购买方应当可以更多地获得自力救济以保证合同的履行，进而保证有效地、高效率地提供公共服务。但普通法对不等于购买方的可能损失的预计数额条款的使用也施加了一定的限制。

为什么作为购买方的政府要在合同中规定制裁？相对于提供方而言，购买方可能在几个方面处于劣势。如第二章所提到的那样，很多的内部合同中购买方可能没有替代性的供给来源：无论提供方的绩效如何，购买方可能都不得不与该提供方缔约。在长期性的关系中，购买方可能越发依赖提供方，或者相对于购买方而言，提供方可能积累了更多有关该合同标的的专业知识。在任何一种情况中，提供方都可能会试图提供价格过高或质量过低的服务。公共选择理论（合同化改革的关键背景之一）拒绝一个理念，即可信任公共主体为公共利益服务（Downs 1967；Niskanen 1971；Tullock 1965）。但即使不认为可以进行具有可信度的行为

---

[1]　Council of Civil Service Unions v Minister for the Civil Service, 1985 AC 374.

[2]　先驱性的案件是 R v. Legal Aid Board, ex p. Donn & Co., 1996 3 ALL ER 1, 以及 R v. Lord Chancellor's Department, ex p. Hibbit & Saunders, 1993 COD 326。

预测，但的确存在这种情况，即公共主体可能非故意地不履行义务，比如，没有公告那些能够提高他们绩效的方式。①

如果提供方确实没有履行义务，公众可能因这一合同而接受了不充分的或昂贵的服务。低效率或无效的公共开支通常是不被容许的：当发生问题时，各种问责机制（比如，审计或议会提出问题）都可能会被启动。如若开支是以内部合同的形式出现，似乎更没有理由来容忍这些失败。如果要求作为购买方的政府不进行糟糕的交易，那么就应当赋予他们特别的权力，这些权力可以包括运用合同制裁来惩罚不配合的提供方。

然而，在普通法中，这些制裁可能不具有执行力。合同条款约定违约时支付一定数目的金钱，该约定的性质最终是由法院来认定的，即确认其是具有执行力的违约赔偿金条款，还是不具有执行力的罚金条款（Treitel 1999：929-37）。罚金条款是"要求支付一定的金钱以威慑违约方"②，迫使其履行合同义务；而违约赔偿金条款则是试图真实估计违约可能产生的损失。

在内部合同的背景下，这可能产生两个问题。一个就是，购买方可能没有因违约而受到损失，很多内部合同都是要求提供方是向公众而非购买方提供服务。如果手术在最后一刻被取消，受损失的是患者（比如，因不必要的请假）而不是购买方。③ 为了弥补损失，购买方就要使得自己成为一个普遍原则的公认例外之一，这一普遍原则就是，损害赔偿不能用来弥补第三方的损失。无论是地方政府作为例外④，乃至家庭休假作为例外⑤，这样的各种类

---

①　关于这个问题的实证证据请见第八章。

②　Dunlop Pneumatic Tyre v. New Garage and Motor Co. , 1915 AC 79 at 86.

③　可能的是患者依据 1998 年《合同（第三人权利）法案》提出主张。但是，正如 Treitel（1999：601）所指出的，第三方表明"他可能碰巧受益于"合同，不足以满足第 1 条第 1 款（b）项的规定。并且当事人自己可能依据第 1 条第 2 款主张他们并没有要第三方执行相应条款的意图。

④　St. Albans City and District Council v. International Computers, 1996 4 ALL ER 481. 但是当公共主体购买方并没有直接收到服务使用者的付款时，这一类推可能并不适用。

⑤　Jackson v. Horizon Holidays, 1975 3 ALL ER 92. 政府可被看作是代表服务使用者以安排事务，但不创设代理关系。

推都是可能的，只是这一领域的法律还远不够清楚。并且购买方可能需要向第三方解释其所收到的钱①，如此，补偿才能被有效地限制在购买方需要支付补偿金予服务使用者的情形。这可能不适用于所有的公共服务情形。

第二个问题就是量化。当前的法律主张对损失进行真实的估计（即使到最后也可能是过低或过高），而将除此之外的数额都定性为具有惩罚性，这可能过分严格。允许购买方设置很高的罚金以致提供方不可能支付之，而只能继续履行合同，并没有什么好处。这可能导致公共服务提供中极大的混乱，因为并不是所有的超过预期损失数额的"罚金"，都达到了惩罚性的程度，有些可能只是起到对不良绩效表现的威慑，有个例子可以说明这一点。

如果患者等待手术的时间超过一年，那么该英国国民健康保险信托公司可能因此而需要按照每一患者 500 英镑的标准支付予购买方。假设这一条款具有可执行性，因为购买方会使用这 500 英镑为患者在另一医院购买手术：这是对购买方做出替代性安排的成本的合理预计。虽然不是 500 英镑，信托公司也的确受到了损失。即使没有产生实施手术的成本，但该资金的一部分需要用来填补固定成本（建筑维修、员工薪金等），这些固定成本不会因没有实施手术而减少。而提供方可能认为如此之小的损失尚不足以促使它缩短等候名单。这对于购买方来说是成问题的：他希望提供方能够提高绩效，而不是将制裁作为某种形式的"税收"。稍微提高惩罚金的数额，比如提高到 600 英镑，使其高于购买方的损失，这可能就足以阻止提供方违反标准。因此，虽然没有允许过多罚金的理由，但却有足够的理由允许罚金超过购买方的实际损失，这在缺乏竞争的内部合同中尤为重要。

当然，也有方法使得起草的合同中包含不违反法律的制裁，

---

① 类比 The Albazero（Albacruz v. Albazero），1974 2 ALL ER 906；Alfred McAlpine Construction v. Panatown, 2000 4 ALL ER 97。

比如，法院不倾向于认定被违约方中止付款条款的惩罚性。[①] 尽管如此，仍可能存在有更大程度的选择性和灵活性的情况：一些合同可能并不存在从月付款项中进行扣减或中止付款的机制。当然，规则可以为内部合同而改变，但如上文所述，对于那些被归类为"私法"的方法，新规则将要适用于所有的合同。有关罚金的规则在法律著述中也受到了很多批判，批判者认为考虑到剥削的危险可以通过比如胁迫和衡平法上的不正当影响等原则来处理（见，比如，Downes 1996；Goetz and Scott 1977；Kaplan 1977），不认定双方当事人都已同意的条款是没有理由的。因此彻底改革的提议也得到了大量的支持。

尽管如此，对于内部合同来说，这能否奏效还存在疑义，一个更量体裁衣的方法（也因此不能归类为"私法"）也许更合适。首先，胁迫原则主要适用于违法行为，至于它（或者衡平法上的不正当影响原则）能在多大程度上延伸至滥用垄断地位尚不清楚（Collins 1997：第 8 章）。后者似乎比前者更可能发生在公共部门领域。相比之下，一项审查罚金数额以保证（虽然不限于损害赔偿的估计）其不过分的权力似乎更合适。[②] 诚然，这会为划定执行力的界限带来相当大的不确定性，而在商业合同中，这种不确定性可能是不被容许的，但在管制更多的内部合同领域，中央指导会为当事人提供可能执行的罚金数额的参考。其次，将特殊处罚权力与一些程序性的保障相结合也是可取的。第七章和第八章将对这点的重要性进行更清晰的阐述。比如，购买方可能需要给予提供方听证的机会，以在主张赔偿金之前调查违约发生的情况。虽然在公法领域这是一个常见的要求，但在商业背景中，这一机制可能会过于官僚化且负担过重。

因此，这再一次说明，将公法作为内部合同的规制源泉似乎

---

① 见，比如，Eshelby v. Federated European Bank, 1932 1 KB 423, though cf. Gilbert-Ash v. Modern Engineering, 1974 AC 689。

② 当然，就评估合同是否是在胁迫的情形下订立而言，这一数额是一个相关的因素。

更能提供一些优势。的确，公法明显缺乏学说上的载体以承载特殊处罚权。但就公法的一般目的而言，处罚权似乎并不像刚开始看上去那样难以正当化。公法不仅仅关注控制和约束政府，它还有另一个关键的方面：促进为公共利益的政府活动（Ogus 1994：v）。罚金明显适合于公法在这一方面的要求。此外，在公法背景下，将公法处罚权与限制性的保障相结合会更容易，比如自然正义原则的要求。第八章将进一步讨论这些问题。

执 行

到目前为止，本书认为，也许存在一种情形，就是脱离我们熟悉的私法原则，从公法中发展出量体裁衣的规则以适用于内部合同。同样，公法法庭中也可以执行内部合同。考虑到内部合同的特殊情形，通过法院执行该合同似乎并非一个吸引人的选择：替代性纠纷解决机制可能更可取。但合同在私法中的本质就是：双方当事人达成的、被普通的法院认可并按照合同执行的协议。即使是在私法的替代性纠纷解决机制下，最终求助于法院有时也是必要的。本书认为，在公法机制下向法院寻求救济麻烦可能会更少。

由普通的法院来执行内部合同并不具有吸引力的原因有三个：一个是理论上的，两个是实践中的。就理论层面而言，内部合同纠纷可能存在在法院的可诉性问题（参见 Allison 1996：185 - 7；Cane 1996：34 - 9；Craig 1999：860 - 4）。从原则上说，要求法院判决涉及两个公共主体的案件似乎并没有什么困难。两个地方政府之间①，地方和中央政府之间②，甚至立法主体和中央政府之间的诉讼都是有先例的。③ 一些案件中可能会出现法院完全能够解

---

① 比如，Bromley LBC v. Greater London Council，1983 1 AC 768。

② 比如，Nottinghamshire CC v. Secretary of State for the Environment，1986 AC 240。

③ 比如，R v. Secretary of State for Employment，ex p. Equal Opportunities Commission，1995 1 AC 1。

决的、有关合同解释的非常"普通"的问题。但另一些案件中，可能会涉及复杂的多中心的和政治敏感的问题，比如，关于特定公共服务的合适的资金水平问题。① 法院可能不是，而且他们自己也可能觉得自己不是，解决此类问题的合适场所。

但反对法院执行内部合同的最根本的理由却是实践上的。柯林斯（Collins）原则上是偏向于支持由法院执行内部合同，但最终他拒绝了这一选择，因为这样做的成本太高（Collins 1999：318）。而将稀缺的公共资金花在律师费上也并非政府所愿。的确，若允许公共主体之间的诉讼，政府将毫无疑问地招致批评，因此政府会尽力确保公共主体不通过法院来解决他们之间的争端。虽然减少诉讼是一个值得追求的目标，但这可能意味着真正存在困难的纠纷当事人，在需要权威性解决方案时，无法在适当的场所解决他们的问题。②

另一个有关执行的实践问题是：诉讼对合同关系可能产生的影响。众所周知，在商业背景下，只有当合作关系的破坏已经不可避免时，商人才会提起诉讼（Beale and Dugdale 1975；Macaulay 1963）。当案件审结，这一正式的、对抗性的法庭程序将使当事人很难重建信任关系（见，比如，Shapiro 1981：ch. 1）。在竞争市场中，这并不是一个大问题，当事人双方都可以再寻求其他合同伙伴。但是在内部合同的情形下，这的确是一个问题，因为许多内部合同并非缔结于竞争市场，如此一来，当事人双方可能都被困在这个长期的关系中，如若发生争议，当事人确实需要一个机制来帮助他们解决争端、重建信任，而法庭上的斗争并不能实现这一目标。

这些问题指向的是对内部合同适用某种形式的替代性纠纷解决机制。③ 因而，我们可以对各类替代性纠纷解决机制进行探索：

---

① 这一术语来源于 Fuller 的作品（特别应参见 Fuller 1978），有帮助的评论见 Allison（1996：ch. 9）。

② 除非政府提供一个可适用的替代性纠纷解决机制，下文将就此进行讨论。

③ 有关该问题的大量法律著述导读，请见 Freeman（1995）；Smith（1996）。

可能性之一就是在英国国民健康保险现有机制上设计一个机制。[①] 回想一下，这涉及将仲裁作为最后的求助手段，在此之前都是运用非正式的调解来解决或至少缩小争端的范围（Hughes et al. 1997；McHale et al. 1997）。而内部的纠纷解决程序较少受制于可诉性的问题。这一机制将由如律师和公务员这样的专家组成，并由部长担任主席，如此这一机制就既有专业性，也有政治权威，就能够处理多中心的问题。艾利森（Allison）（1996：138-52）将法国行政法院的成功部分归功于其与行政的紧密联系，因为这样使得法院对政府面临的情况有深入的了解，同时也保证其决定能得到尊重。

诉诸内部纠纷解决程序可能会较少地引起反对意见，并且可以通过如下方法，比如，在争端初期进行调解，雇佣部门的法律顾问而非律师，将该程序的成本维持在最低水平。如果诉诸这一机制仍招致公众和议会的批评，那么可以主张这一程序是保密的。[②] 虽然公职律师主张有关政府的任何形式的保密都是不适当的，但纠纷解决机制的易进入性才是应该得到最先考虑的。

最后，替代性纠纷解决机制的设计为的是：提供给发生纠纷的当事人最好的维持关系的机会，或者至少能够在纠纷解决之后重建关系。英国国民健康保险程序的两个阶段提供了这样的一种可能性，即在对抗性的仲裁程序之前，通过调解来友好地解决纠纷。此外，即使纠纷不能得到解决，调解也有助于缩小纠纷的范围，以防止当事人在仲裁中变得过于激进。当然，没有纠纷解决机制能够维持所有的关系：存在纠纷这一事实，就标志着当事人之间较低的信任水平。但是某些类型的替代性纠纷解决机制在这方面确实可能表现得比法院更好。

---

① 1990 年《英国国民健康保险与社区保健法案》第 4 条；1996 年《英国国民健康保险合同（纠纷解决）规定》（SI 1996/623）。

② 大多数形式的替代性纠纷解决程序都是秘密进行的。这可能尤其吸引特定类型的当事人（见，比如，Hunter 和 Leonard（1997）关于性别歧视）。但在政府背景之外，替代性纠纷解决机制这一特点甚至也受到了批评。

　　在私法背景下，替代性纠纷解决机制也许能实现两种可能的作用之一。一个作用是仅仅减少诉讼的可能性，而非阻止诉讼。因此，替代性纠纷解决机制条款一方面可以使得当事人在向法院起诉之前，运用替代性纠纷解决机制解决问题，同时在替代性纠纷解决机制不成功时，仍然保留诉讼的可能性。另一个作用就是，通过尽量排除法院的参与，来提供一个真正的替代性选择。在普通法中，剥夺当事人诉诸法院的权利的条款是无效的。① 但是仍存在一种方法可以达到这一效果，即依据 1996 年的《仲裁法》达成仲裁协议。依据该法，仲裁当事人可以同意排除法院对法律的基础问题做出决定的权力（依据第 45 条），或者排除对仲裁裁决本身的法律问题提出上诉的权利（依据第 69 条），但前提是（在第 85 条规定的国内仲裁情形下）他们在仲裁程序开始之后同意这么做（第 87 条）。即使当事人不同意，法院的管辖权也会受到多方限制。比如，依据第 69 条，只有在获得仲裁程序的相对方的同意或者法庭准许之后，当事人才能对仲裁裁决提起诉讼，而法庭准许只在第 69 条第 3 款规定的特定情形下才可能获得。简而言之，1996 年的《仲裁法》牺牲了决策的法律精确度，以促使仲裁成为诉讼的快速且终局的替代性选择。

　　有一种非常奇怪的观点认为，内部合同应当具有私法上的执行力，但需要将法院完全排除出执行程序。精确度上的牺牲所产生的影响是非常显著的，如上文提到的，现行的私法原则可能不能完全适用于内部合同。而仲裁员却可以通过灵活自主地适用法律来解决这一问题，但这可能为内部合同创造了一个特殊的不具备法院权威性的法律体系，而这事实上歪曲了内部合同具有私法上的执行力的观点（对比 Fiss 1984）。

　　适用公法规则于内部合同时，替代性纠纷解决机制牺牲精确度所产生的问题可能就不会如此明显，因为法院在这一领域的参与是非常少的。此时，替代性纠纷解决机制面临的挑战不是适用

---

①　Czarnikow v. Roth Schmidt, 1922 2 KB 478.

现有的规则，而是从更一般的公法原则中发展出一套规则。虽然法院仍有权决定哪些属于一般性的原则，但他们却不能影响更具体的规则。这两种管辖之间仍可能存在部分重叠，但却不是完全的竞争。

但公法解决方法的确存在一项劣势，即法院对排除其管辖权的企图是非常警觉的（Craig 1999：第24章）。使如仲裁庭一般的替代性纠纷解决机制免受司法审查是非常困难的。这将再一次展现诉讼的所有弊端（对抗性、成本和负面影响）。不过，有两个因素可能会降低法院的参与。其一，如上文提到的那样，至少有一些内部合同纠纷可能不具有可诉性。其二，当接受审查的对象适用的是一个不同的法律制度时，法院有时会缩小审查范围。议会行政委员（Parliamentary Commissioner for Administration, PCA）所担忧的是"行政失当"① 做出的决定，其管辖范围与司法审查有所重叠，但是其范围更广，包括迟延、粗暴等不当行为（参见 Craig 1999：233；Harlow and Rawlings 1997：424 - 5）。法院承认议会行政专员广泛的裁量权，但限制了其对调查行为和调查结果说理的完备性的审查。② 因此，即使法院试图审查替代性纠纷解决机制，他们也可能将自己局限于程序性事务，而非该机制正在发展的专家法则的实质。

总之，就内部合同而言，替代性纠纷解决机制明显具备许多法院执行所不具有的优势。它能够避免开支和负面影响，能够为纠纷提供专业的解决方法，能够通过设计最大化地维持真诚的长期关系。虽然可能不如上文提到的学理争论清晰，但这同样指向为内部合同建立公法机制。这一机制能在排除法院管辖的同时不牺牲法律的精确度，因为它并不打算适用一个现有的法律体系。

---

① 1967 年《议会专员法案》第5条第1款。

② 先例有 R v. Parliamentary Commissioner for Administration, ex p. Dyer, 1994 1 WLR 621；R v. Parliamentary Commissioner for Administration, ex p. Balchin, 1997 COD 146；R v. Parliamentary Commissioner for Administration, ex p. Balchin（No. 2），2000 2 LGLR 87。批评的观点见 Giddings（2000）。

结　论

　　本章试图对不具可执行性的内部合同的概念提出质疑。在批判性法律著述和一些实证支持的基础上，本章认为，因为即使忽略合同也没有任何实际后果，所以内部合同的当事人可能难以认真地对待他们之间的合同。购买方可能会试图干涉提供方的工作，并在未经提供方同意的情况下改变合同条款，而提供方可能会拒绝按照有争议的或有挑战性的目标来履行合同。

　　本章进一步认为，将内部合同仅仅作为符号来对待不符合改革的内在基础，也与为公共服务领域创设合同结构已经付出的努力相违背。但这并不意味着，内部合同产生普通私法上合同的效力所面临的障碍应当被简单地除去。合同法无疑会提供许多适用于内部合同的规则，但是即使是匆匆一瞥也能发现一些需要改革或修改的地方。但是，这些改革是否应当适用于所有合同是不清楚的。此外，不论是在实践上还是在理论上，认为两个公共主体可以在法庭上解决他们之间纠纷的观点都是存在问题的。运用替代性纠纷解决机制时，相对于私法规则而言，公法规则更适宜用来规制内部缔约行为。

　　如果读者认为本章讨论的是"虚假战争"，也没有关系。本章认为，公法也许可以提供更好的规则（和更好的执行机制），而无须明确指出这些规则（或机制）是什么。当然，这场战斗一定要进行并且一定要赢，要以能够说服读者的方式来证明，公法在有关合同的规则和程序的具体内容上是具有实用性和可取性的。本书的剩余部分将致力于完成这一任务。

第四章

问责机制

　　如何才能完成为内部合同发展出公法规则这一令人望而生畏的任务呢？就像创造任何事业一样，有很多不同的策略可供采纳。其中一个选择就是对发展比较完善的运用公法规制政府合同的国家进行比较法研究。这样的研究可能会发现一些适合"移植"进英国法律，以规制内部合同的规则。[①] 另一个选择就是，对内部合同进行实证研究，以确定当事人面临的实际问题，其中的一些问题可以通过公法规则进行解决。本书的研究就采取了这种实证研究的方法：第六至八章将以英国国民健康保险为个案研究对象，以阐述内部合同的规则。但无论选择哪一个，这一创造性的过程都要以某种观念为指引，这一观念就是公法中的内部合同应达到的目标。

　　好的指导性政策应当符合三个争议相对较少的标准。第一个就是政治上的可接受性，即政策必须建立在法律鼓励的价值之上：公平、有效利用公共资金等等。第二个可被称为"生产性"：政策应当是法律发展的灵感之源。第三个就是"适合性"，即政策应适合于其规制的领域，如果有可能，它应当提供联系新发展与现行法的方法。虽然将立法者和政策制定者的观点都纳入现行法并不可取，但是法律与任何可能的发展都应当具有一致性。[②]

---

　　① 有关移植，尤其是公法领域的移植，存在的危险的讨论，见 Allison（1996）。从外部合同到内部合同的移植可能尤为棘手。

　　② Dworkin 将原则与政策相区分，前者来源于现行法并可能被法官适用，后者是立法机关的事，并且不需要适合于现行法（Dworkin 1986）。这里需要说明的是，适合于现行法的政策具有促进一致性发展的额外优势。但是适合性并非一项政策的必要条件：正如 Pitt（1993）指出的，坚持要求现行法总适合于未来的发展是对立法者不必要的约束。

本章并不试图为公法中的内部合同提供一套完整的政策和原则，因为它们的发展和详细阐述远非一本书所能完成的。更为适合于本书的目标是，专注于一个足以支撑这部法律主要部分的政策：促进运用内部合同作为公平、有效的问责机制的政策。本书认为，这一政策符合上述三项标准：问责是民主的基本价值，也因此具有政治上的可接受性；内部合同可以被理解为问责机制；公平、有效的问责机制是规则的有利源泉。本章的讨论将为之后四章有关英国国民健康保险的个案研究提供理论框架。

问责作为指导性政策

为内部合同寻求适合的政策的最为明显的途径就是采纳公法中现有的政策。一个已确立的政策可能（虽然不是必然）符合政治上的可接受性的标准。这一政策也会是具有生产性的，因为它在其他情形下的运用产生了详细的规则，而这些规则都可能适用于合同。并且它将有助于使内部合同纳入熟悉的公法语境中。

如第一、二章所谈到的那样，缺乏对合同治理的明确公法回应，并没有为这一途径预设一个好兆头。然而，可能令人惊讶的是，政府自己利用了问责这个公法概念，来解释其日益增长的合同模式的组织。政府认为，比如将行政机构从其主管部门中分离出来，以及像在英国国民健康服务这样的公共服务领域创设"内部市场"一样的变革，将有助于提升服务提供者（行政机构或者提供方）对服务类型的决策者（中央部门或购买方）的责任。[①] 在其看来，合同可以通过设定应当达到的目标和不能达到目标时的制裁（比如，减少合同款项或者失去与合同履行相关的价款）来提升责任感。此外，市场中的提供方也会有动力高标准地履行合同，用以获得新合同或保证现有合同得到续签。

---

① 见，比如，续阶计划报告 1993，引自 Freedland（1994）（关于续阶机构）；卫生部（1989b），NHSME（1989；1990）（关于英国国民健康保险合同）。有关在完全不同的情况下对合同优势非常相似的描述，见 Nelken（1987）。

合同化的责任正当化极具争议性。下文将进一步讨论，政府关注的是所谓的"内部问责"，即在财政目标的实现和政府项目的完成方面，下级政府要对上级政府负责。一些评论者也承认，从这个意义上来说，合同化能够带来问责的好处（比如，Harden 1992：71）。但是大多数评论者关注的是"外部问责"：政府为其行为对公众及其代表负责。他们认为合同化并没有促进外部问责，因为公众对合同的缔结不能造成影响，并且他们还可能因对服务提供的经济效率的一再强调而遭受不利影响（比如，Freedland 1994：102-3）。此外，正如第一章所解释的那样，合同化的发展是一系列改革的一部分，这些改革在其他方面也减少了公众参与，比如，强调以商业经验而非社区工作作为任命公共主体的委员会的标准，比如英国国民健康保险信托公司。

下文将进一步讨论这些争论。目前只需注意到政府和评论者广泛地将问责这个熟悉的公法概念作为评估合同化改革的方法就足够了，这可能为寻找公法下内部合同的指导性政策提供关键的线索。本章的余下部分将对问责作为指导性政策的候选资格进行评估，所运用的标准就是政治上的可接受性、适合性和生产性。但是首先需要做的是界定问责的概念。

问责的界定

问责关系有两个要素。一个是职责："一个人不能对所有人负责，除非他负有做某事的职责"（Day and Klein 1987：5）。但这并不必然意味着一个人只对他或她自己的行为负责：部长负责制的宪法惯例，就部分地建立在为他人行为负责的理念之上，即使在实践中也并非总能贯彻这一理念（Woodhouse 1994）。职责因此可能是，完成一项具体的任务，或者监督完成任务的人员和系统。按照 Hart 的观点，职责可能是角色型职责加上义务型职责，或者单纯的是义务型职责（Hart 1968）。

第二个要素就是，他人对职责的履行享有合法利益：被要求承担责任的人可能不仅仅是代表他或她自己而做出行为。这可能发生在，比如他人已经为执行任务承担了职责，或者提供了资金的情形下。这使得他们有权获得解释：履行职责的人对他们负有责任。他们与被要求承担责任者之间无须有直接的关系，他们可能只是其中一个利益团体中的成员，比如纳税人或选民，他们的问责代表地位顶多是间接的。

但是问责关系并不必然导致给予或者接受责任。制定的问责程序和机制①原则上是②可选择的。③ 有权追究责任的人可能选择不行使自己权利（虽然承担责任的义务仍然存在，即使权利人不行使权利）。从一个层面上讲，设立问责程序的决定可以从基本的几对价值来理解：作为控制代表、检查信任的一种选择。但是正如 Power（1997）所指出的，人不能通过选择检查来排除信任，或者通过选择控制来排除自治。问责的确涉及检查，但没有信任它就不能起作用：信任承担责任的人，且对那些被要求承担责任者所提供的信息也持某种程度的信任，而问责就涉及获得这两个价值之间不同的平衡。

政治上的可接受性

衡量一个好的指导性政策的三个标准之首就是政治上的可接受性。如上文所描述的，有关内部问责和外部问责的争论，似乎使人对问责满足该标准的可能性产生了一些怀疑。如果这一概念的内涵如此有争议，它如何能获得广泛的支持呢？

事实上，问责是民主的核心价值。④ 一个民主政府代表自己的公民行使权力，这些公民对以他们的名义所作的行为享有合法利

---

① 这些术语的使用是可替换的。

② 实践中，这个选择可能会落空，一些有权问责的人在启动问责程序时需要依赖其他人的合作：公众成员在这方面可能依赖于政府。

③ 有些情形下这可能是强制性的，尤其是当问责者并不代表自己，而是需要就其自己的问责行为向他人承担责任时。

④ 责任也与很多私法情景相关联，但这些问题并不在本书讨论的范围之内。见，比如，有关公司的 McCahery et al.（1993）；有关代理的 Fridman（1996）；有关信托的 Martin（1997）。

益。他们可以通过选举箱来表达自己的同意或不同意：选举就是问责的核心机制。此外，在一届政府执政期间，一个健康的民主制度会提供各种方式，即进一步的问责机制，来检验、审查和挑战其政策（Weir 1995）。① 如 Hirst 评论的："评价一个国家的民主程度，要关注政府对其公民的负责程度，及其确保责任承担的有效性。"②

民主政府涉及两种类型的权力授予。③ 首先，选民将其权力"授予"给他们的代表，这些代表是选民选举出来代表他们执政的人。其次，执政本身就是一个复杂的活动，尤其在现代国家，权力需要被授予各种各样的个人和机构以履行不同的政府职能。这两种类型的权力授予与两种问责程序相联系。④ "外部"问责程序的存在，是为了使公众成员，或他们所选举的代表，能够要求执政者负责。"内部"问责程序则是为了保证下级政府对部长负责。⑤选择运用问责机制而非单纯地信任代表的理由在每种情形中都不同。

周期性的选举明显是民主国家最基本的外部问责机制，它让选民对其代表的行为进行判断，尤其是那些组成政府的代表，并依据代表们过去的行为和所陈述的未来计划决定是否再一次选举他们。但这并没有让选民获得充足的控制力：按美国宪法制宪者的话来说，"对公民的依赖毫无疑问是对政府的首要控制；但是经验告诉人们，采取辅助措施也是必要的"（Madison et al. 1788）。

这些辅助措施是以更为常规和惯例性的问责机制的形式出现的：包括对议会、公众和法院负责。如戴（Day）和克莱因

---

① 这些机制确切的本质，取决于所讨论的民主概念是多元的还是一元的。

② 关于这类评价的例子，见 Harden 和 Lewis（1986）；Longley（1993）；Oliver（1991）。政府的合法性也是以其他方式评价的。Baldwin 和 McCrudden（1987）关于监管机构行为合法性的讨论在这方面也是具有启发性的。

③ 关于历史分析，见戴和克莱因（Day and Klein）。

④ 应当注意，用来描述问责程序的"外部"和"内部"不同于关于合同的"外部"和"内部"。两种类型的合同都适用"内部"问责机制。

⑤ 这一区别类似于 Loughlin（1992）对政治责任和行政责任所作的区分，以及（Day and Klein（1987））对政治责任和管理责任所作的区分。

(Klein) 所评价的那样，"正是在日复一日的责任承担中，统治者向被统治者解释和证明着他们行为的合法性，如此便能区分民主社会和专制政府"（1987：7）。尽管英国宪法没有完全践行分权原则（Vile 1967），但仍赋予了议会要求行政当局对选举负责的权力。有关政治问责机制的不足，已经有尝试试图去加强它，比如通过特别委员会机制，且已经有很多相关文献（见，比如，Woodhouse 1994；Oliver 1991）。一些学者主张更为多元的民主概念，其中要求为公民提供更直接地参与政府活动的机会，以减轻目前议会所负担的沉重的审查责任。然而，英国宪法并没有很完善地制定这样的机制。最终使得法院在坚持法治中发挥着重要的作用（Fuller 1969；Raz 1977）：确保公共主体遵从法律授予他们的权力，并且依照普通法对良好政府的一系列要求（程序公正，比例原则等）行事。

　　政府对其财政的控制是内部问责机制的内容之一，比如通过财政部和部门会计官员①；公共审计主体的工作，审计员和审计长②以及审计委员会③（虽然这些主体也有重要的外部问责职能）；以及通过各种内部合同的管理责任。戴和克莱因（1987）认为，这一类问责的理由与政治问责的完全不同，此类问责中政府被视为产业的管理者：部长及其下属都要对公共资金的管理和服务的提供承担责任。但是内部问责也会渗入外部问责，所以需要确保部长对其部门的行为有所控制：如果政府不能影响政策执行者的行为，那么政治的和公共的问责将会失效。内部问责同时也为公众和政客提供信息以帮助他们要求政府承担责任。合同化的争论往往倾向于忽略这两种问责之间的联系，以及运用有效的机制施行这两种问责机制的重要性。

---

　　① 英国财政部（1995a）（已修订）；Harden（1993）；McEldowney（2000）。

　　② 审计员和审计长是众议院的一个独立官员，对公共账目委员会负责，并接受国家审计局的帮助：《国家审计法案》1983。参见 Harden（1993）；McEldowney（2000）。

　　③ 见 1998 年《审计委员会法案》；Radford（1991）；Loughlin（1992），McEldowney（2000）。

第四章 问责机制

不论是"外部的"还是"内部的"问责程序，通常具有两个主要功能。第一个，就是防止授予权力的滥用。现有的审查，可以阻止可能的滥用行为，抑或发现已发生的滥用行为。滥用的概念可以狭义地界定为包括比如有意追求私利，或者宽泛地界定为包括浪费或无效的行为。然而，相关文献中提到了两种危险。一是，对检查机制投入了不适当的信任：鲍威尔（Power，1997）解释到，没有任何审查能保证行为符合标准。另一危险关涉到上文提到的自治和控制之间的平衡。现代国家面临的主要困境之一就是：找到控制和建构裁量权的方法，同时避免设置过多的审查，以至于损害公共事业行为的有效性（Smith and Hague 1971；Galligan 1986；Thynne and Goldring 1987；Hawkins 1992）。一些人将问责理念视为这一困境的解决办法：在官员对其裁量权的行使负责的前提下，他或她可以被授予裁量权（Normanton 1971）。但实际上问责程序也面临同样的困境，因为它可能使得该官员的行为受到细致程度不同的审查，而审查越细致，官员的自治就越多地受到威胁。

近期理论研究者开始指出问责程序的第二个具有建设性的功能（见，比如，Harden and Lewis 1986；Oliver 1991），即：问责程序能够促进高效率、有效地完成要求的任务，因为它鼓励主要参与者收集信息，并与负责者交流想法，因而能够克服"有限理性"的问题（Simon 1947）。正如诺曼顿（Normanton）所解释的："公共问责不仅能够提供行政保障，同时也能通过提升信息的流通和质量，为政府行为的有效性做出重要贡献，因而问责可以并且应当是有用的"（1971：338；作者原文中的这句话加了着重号）。可以部分地将其视为对公法的另一个关键作用的发现或者再发现：有助于政府实现公共利益目标。① Ogus 的评论是"公法不仅仅关涉防止权力滥用；也关涉选择最能实现集体选择的工具性

---

① 关于理解行政法的有用的类型学研究，见 Harlow and Rawlings（1997）；McCrudden（1999b）。

目标的法律形式"（Ogus 1994：v）①。

因此，虽然政府承担内部合同责任的观点是有争议的，但这只是因为政府和评论者关注的是责任的不同方面。实际上，内部问责和外部问责都是民主政府的基本要素。争论并没有削弱一个观点，即提倡问责是一个具有政治上的可接受性的政策，并且能够获得广泛的认同。

适合性

问责可能是一个具有可接受性的价值，但是它是否有助于理解内部合同呢？要回答这个问题，就需要花时间对问责进行分析。本书认为，合同关系可理解为问责关系，合同本身可以用来履行或者支持与问责相关的实际职责，本书的讨论还会涉及从其他维度来理解"适合性"，并且会通过强调合同和其他问责机制之间的相似点，使其在更一般意义上与公法相契合。

问责关系的第一个要求，即承担责任的人必须为特定任务的履行负责，似乎所有的内部合同都能达到这个要求。② 第二个要求，即问责者必须对该职责的履行享有合法利益，在一个公共主体与另一个主体订立合同的情形下，这一要求至少在两方面得到了满足，一方面是，购买方通常只会将其部分责任委托给提供方，而非完全摆脱自己的责任。如果提供方违约，购买方可能就会违背自己的义务，因此，购买方对于其所委托的任务的履行享有合法利益。另一方面是，公共主体在很多情形下都在为其任务的履行付费，比如，在英国国民健康保险合同中这点就很明显。对于框架协议而言，从某种程度上来说也是这样的。依据框架协议，行政机构会同意从部门总预算中分配一定数额以履行特定职责，而对于其所支出的款项的使用，购买方是有合法

---

① 讽刺的是，他把对后者的忽视归咎于对责任的强调，并从控制权力和防止滥用的意义上来理解。

② 合同涉及双方的义务：比如，购买方要为提供方的工作付费。但是购买方的义务通常更为直接，因而对其的研究兴趣较少。

利益的。

如上文提到的，问责者可以决定不"激活"问责关系，但内部合同中似乎不会出现这种情况。首先，政府引进合同的目的就是改进内部问责机制。其次，如果作为购买方的政府要求提供方承担外部问责机制中的责任，而同时他们自己也受制于该外部问责机制，那么他们可能会面临很大的压力。如果行政机构没有很好地履行职责，议会议员们可能会对该部门不满。如果提供方没有实现其目标，审计委员会就可能对英国国民健康服务的购买者不满。因而可以预计的是：公共主体所服从的问责机制越有效，就越可能要求其合同相对方承担责任。当然，实践中是否如此，还有待实证研究。

为了更全面地理解"激活"问责关系的概念，就需要考虑实践中合同被用以支持产生和承担责任的方式。问责包括了哪些任务，合同在其履行中发挥着什么作用？Oliver 用以下方式来描述问责机制的构成："（问责）就是要求一个人依据某种标准对其决定或行为进行解释和正当化，然后通过改变决定、进行赔偿、甚至辞职或其他方式，来弥补其不当行为或者错误"（Oliver 1994：246，他是对 Marshall（1986）观点的进一步展开）。依据这一描述，即可知道问责机制有四个主要特征：设定判断责任的标准；责任的确定；评估责任；如果有责任的话，决定其应当产生的后果。所有的问责机制都是如此，虽然它们以不同的形式表现出来。本书将逐一考察这一模式中的每个要素，但应当牢记的是，这些要素在实践中通常是紧密相连的，所以依照时间顺序对它们进行改变是可能的。

问责的第一个部分涉及设定判断责任的标准："问责……预先假定了两个协议，一个是什么构成了具有可接受性的履行，另一个是行为者为自己的行为进行辩护时可使用的理由"（Day and Klein 1987：5）。对于确定问责程序的范围来说，标准起到了重要的作用：它们限定了该程序所涵盖的相关主体所承担责任的范围，暗含着哪些不被涵盖。内部合同的范围可能很宽：比如，对于哪些条款可包含在英国国民健康保险合同中并没有正式的限制。相比而言，国家审计局要求所有部门为其工作的经济性、效率和有效性负责，但并不需要为他们所采取的政策的内容负责。①

所设定的标准可能包含一些适用于责任本身的标准，比如，其应当诚实、准确（Thynne and Goldring 1987），以及评估要求承担责任的服务质量的实质性标准。实质性标准的本质会随着问责程序目标的变化而变化。一般来说，如 Oliver 所解释的，"因为国家机构对公共利益负有管理职责，所以实践中他们是最常承担责任的主体，这也构成了他们被评估的标准"（Oliver 1991：23）。但很多情形下，更精确的标准也会被开发出来。如果问责程序是为了防止不佳表现，那么设定的标准就可以是履行行为不失败的最低标准。如果是为了改善表现，那么标准就可能被设计为更具挑战性的目标。英国国民健康保险合同一般都同时包括这两种类型的标准。

标准制定者的身份取决于所涉及的特定问责程序。在一些情形中，标准是由问责者设定的：选民个人设定其自有的标准来判断政府的表现。在使用合同的情形中，被问责者可能也会对标准的设定产生一定的影响，因为这些标准包含在双方当事人都必须同意的合同条款中。然而，影响的程度却取决于当事人的相关谈判能力。在有行业监管的情形中，就完全排除了由外行设定标准的理念：由行业成员来决定什么是可接受的行为（Allsop and Mulcahy 1996）。

相似的，标准设定程序的正式程度也取决于具体情境。一种极端情形是，部长对议会或选民负责的程序就建立在模糊的标准的基础上：这些标准可能本身在政治上就有争议，因为部长可能不仅要正当化他或她的行为，还要正当化衡量其行为的标准。因此这一程序涉及更多对争论的关注（Stewart 1984）。另一种极端情形是，合同可以用来设定正式的有关履行的书面标准。政府和

---

① 参见 1993 年《国家审计法案》，第 6 条。

评论者认为这是合同相较于直接管理关系的主要优势。比如，针对英国国民健康保险购买方的指南称："转向合同体系……首要目标在于提高患者护理服务的质量和匹配度。区分购买与提供要求合同以更加明确的条款规定所提供服务的质量和标准"（NHSME 1990：6；同见 Harden 1992：71）。然而，即使在这种情况下，仍然有非正式标准存在的空间。在合同协商阶段，购买方可能对什么构成好的缔约相对方带有一些隐含观念，并且在合同履行期内，购买方可能也会对相对方的行为有一些隐含的期望，而这些期望都没有在招标说明或合同中阐明。此外，即使标准是明确的，仍然需要阐明：如何将标准适用于那些处于持续设定标准过程中的事实（Hawkins 1984）。

　　问责程序的第二个部分涉及问责者要求主要行为人解释或者正当化他或她的行为。这一部分构成了问责的核心：没有信息和解释，这一程序就完全不可能发生。而且有很多不同的形式和程序可以用来确定责任，问责者可以仅仅要求提供口头或书面的信息：比如，议会议员们使用议会质询或者特别委员会听证来获得部长的解释。在其他机制，比如检查和审计中，问责者会以更直接的方式获得信息。合同可能会涉及上述方法。在那些短期、简单的合同中，购买方可能在支付账单之前检查该产品，若对产品不满意便可将其退回。在长期的关系中，合同本身可用来设定监督程序（Stinchcombe 1985）：例会或者定期报告，检查权及批准权，等等。此外，问责可能以定期的形式进行，或者在可能出现问题时进行，合同可以规定每月召开监督会议，并在违约时召开临时会议。

　　戴和克莱因（1987）指出，问责程序应当具有强制性：使得问责者在不能获取其要求的信息时能采取行动。[①] 这可能看上去是一个可评估的观点：只有当问责程序具有强制性时，它才更可能有效。但将这点囊括在定义之内是很重要的，同时应认识到其与

---

① 同见 Morgan（1993）；Oliver（1991）；Woodhouse（1994）。

有效性的紧密联系。戴和克莱因所做的是区分问责和说明责任[①]，比如，公共主体主动公布年度报告，就是说明责任而非被问责，该主体能够控制写在报告中的内容，并可掩饰其表现不好的领域，甚至把它们全部删除（Normanton 1971）。真正的问责所需要的强制性因素可以通过多种方式实现。英国国民健康保险合同通常有在特定日期提供报告的条款，若不提供则会被处以罚金。其他机制，比如议会问责，则取决于大会、公众、议会的观点，以及舆论压力。这证明了概念与有效性问题之间的密切联系：在"制裁"薄弱的情形下，议会问责程序是否有足够的强制性因素使之区别于自愿提供说明的程序。

问责程序的第三个部分涉及依照设定的标准判定责任。在一些问责程序中，这一部分与确定责任和决定结果这两部分是明确分开的：比如，在法庭审理中，听审、作出判决和发出其他命令这几部分都是很容易区分的。然而，在其他程序中，这些部分可能难以区分。在规制背景下有着很具有说服力的实证证据支持一个观点，即认定履行不充分的决定，与接下来可能发生的结果是相联系的（Hawkins 1984）。对履行的判断也可能与获得信息的情况紧密相连。当提供方在履行中出现困难时，合同管理者可能会通过要求提供进一步的报告和召开会议，更深入地监督提供方。

问责程序的第四个部分是履行产生的结果，或"强制执行"。结果可能会至少达到三个可能的目标之一：惩罚欠佳的履行，奖励良好的履行，确保改进将来的履行。当然，一个单一的问责程序可能不止追求其中的一个目标。直接服务组织的合同中可能规定，若不能达到特定标准，将扣减其每月的合同对价。这些扣减用以惩罚欠佳的履行，同时激励将来良好的履行。此外，如果直接服务组织以经济有效的方式履行合同，那么他可能在将来获得

---

① 相似的，Stewart（1984）也将问责与说明责任相区分，前者中问责者有权要求获知说明，后者中被问责者将主动提供信息作为一种习惯或对利害关系人的好的做法，即使其没有权利要求他或她进行说明。

续签合同的奖励。

执行可能是直接的或间接的，可能由问责者或第三方实现。合同规定了各种可能性。间接执行显示在市场压力使合同得以"自我执行"①。在合同协商阶段，提供方可能会为获得订单而同意购买方的要求；在合同履行阶段，他们会为了维护信誉而遵守约定。直接执行出现在合同中规定了激励和制裁条款的情况下。英国国民健康保险合同通常包括在候诊时间之目标不能实现时的违约金条款。最终，作为最后的选择，管理合同的"法律体系"可能会提供第三方执行的方法。如第二章所解释的那样，内部合同不具有法律执行力，但是至少在英国国民健康服务中，存在发生纠纷时进行仲裁的可能性（尽管很小）。

上文提到执行的有效性与信息的提供有关。如果问责程序的执行措施完全无效，可能会使人怀疑适用所谓的"问责程序"是否正确，比如，如果部长参与了自愿协商，但并没有承诺会考虑协商中所提出的观点，那么将那些参与协商者称为问责者是不恰当的。在较为不极端的情形中，执行的有效性仅仅关涉问责程序的质量问题，并不产生定义上的问题。在评估有效性时，引用实证证据而非假设是非常重要的。在合同的情形下，购买方的谈判力可能会因市场竞争程度和合同的相对价值等因素的不同而有所不同。

因此问责机制的概念是一个有力的分析工具，它明确地确定了实践中实现问责价值的必要因素。在这个过程中，它提供了思考内部合同的各种要素的框架，以及将合同与其他问责机制相联系的方法。它适合于合同，并将其纳入了公法的讨论范围。

有效性

一个好的指导性政策的第三个关键性因素就是，它应当能够

---

① 关于通过博弈论对合同自我执行的介绍性分析，见 Hviid (1996)。

促进内部合同的规则和原则的发展。问责可以通过两个相联系的理由实现这一目标。首先，问责程序涉及一系列的任务，这些任务都可以以公平或不公平、有效或无效的方式完成，在完成这些任务的过程中，设立规则和原则来促进公平性、有效性是可能的。其次，如上文所说，问责在合同以外的其他情形中是一个为人所熟知的原则，因而可以通过法律移植来发展一些缔约规则。从某种意义上来说，本书的余下部分就致力于证明"促进好的问责"作为一个指导性政策的影响力。但是这里可以先给出一个简单的例子，以期之后更为具体的讨论。

上文已述，判断相关标准是否已达到，是问责的关键部分。我们的法律体系的一个基本原则就是，只有在对相关证据进行全面调查之后，并且在调查的过程中，"被告"是有机会驳斥针对他或她的指控的，才能判定责任。因此，一个好的问责程序的要求就是，这一程序应当遵守自然正义原则。

通过细致地审查各具体的问责程序，并进行对比，就可以找到适用这些原则的方法。比如，当问责程序是申诉程序或者法庭审理时，可以通过使用抗辩程序来遵守自然正义，在该程序中，被问责者就有机会阐述自己的观点，并反驳针对他的起诉。但是当问责程序是公众质询或者申诉专员调查时，自然正义原则可能会以完全不同的形式出现，调查者有责任保证从包括被问责的主体在内的利害关系人那里，获得所有的相关信息。

在合同中，购买方可能决定自己进行调查，或者当事人可能选择进行仲裁。通过从以上二者中选择最适合的情况，提出适合的程序公平的规则上的建议，以保证当购买方声称其违约时，提供方有充足的机会抗辩或者解释。也可以从基本原则进行说理：不论采取什么程序，都有必要向提供方通知购买方的主张。用内部合同作为公平有效的问责机制的政策是很有帮助的，因为它使合同更易由公职律师获知，并使人们关注用公法对其进行规制和执行的方法。下文第六至八章将会表明，这的确是一个有效的政策。

结 论

问责为内部合同的公法思考提供了一个有用的起点。作为一个已确立的公法价值，它可能会获得广泛的认可和接受，问责机制的更为具体的概念是，一个对合同关系进行分析的有用工具，并且它有一个评价性的维度：它能够，从原则上抑或通过与其他类似程序相比较，提出使问责程序的各个部分更公平有效的方法。因此问责符合作为公法上合同的指导性政策的标准。

当然，可以在纯理论的层面上继续讨论，但如果本书的目标是为内部合同的争论提供实践上的贡献，那么就有必要证明这一理论能够有效地适用于真实生活中的问题。本书第六至八章展示了通过将问责机制用作分析和评价的工具，对英国国民健康保险合同进行研究的结果，下一章将介绍这一个案研究。

第五章

实践中的问责分析：英国国民健康保险合同

接下来的几章将专注于分析，以英国国民健康保险合同作为问责机制个案研究对象的实证证据。本章为个案研究提供了两方面的准备：第一，本章提出了实证研究所需要的更为复杂的分类和分析问责关系的方法。早期的研究表明，虽然问责机制的基本概念能提供对数据的初步分类，但它不能够应对数据的丰富性和复杂性。因此本章的第一部分将在合同关系的法律社会学文献的基础上，发展出两种"理想化"的合同问责关系模式。第二，本章将简要地介绍实证研究所使用的方法，也将特别地解释选择参与研究的英国国民健康保险主体的方法以及收集数据的技巧。

"硬性"和"软性"的合同问责关系模式

将合同关系作为问责机制进行基础分析，为依据标准设定、监督和执行的核心活动对实证数据进行分类提供了有用的方法，但是就识别理解这些活动的不同方式而言，它并没有提供帮助，而更精细的分析模式则有两种可能来源：合同关系中的信托和委托代理理论。

委托代理理论关注的是，在没有竞争时，委托人控制代理人行为的方法（Ross 1973；Bamberg and Spremann 1989）。该理论认为代理人会以委托人的利益为代价追求自己的利益，除非二者的利益一致：比如，用罚金作为代理人履行委托人要求的利益。这一理论明显关注的是代理人的责任，它为本研究提供了有关当事人行为的更为深入细致的理解，但这一模式并没有被采纳，其原因有二：其一，该模式假定代理人不受竞争压力的影响，但英国国民健康保险改革的意图就是创设一个市场（卫生部 1989b)[1]，即便如此，正如下文将提到的，市场也不是完全竞争的，因而运用一个承认竞争的可能，并允许对其功能进行调查研究的模式是很重要的。其二，早期的实证工作显示，这一模式并不像替代性模式那样切合英国国民健康保险当事人的行为[2]，它不能解释信托的功能，以及与追求自身利益无关的行为。此外，该模式对理性的假设，并不能解释所有的实证研究发现。

另一个选择就是，从法律社会学和与交易成本经济学有关合同关系的研究中，获得分析模式。这些研究运用当事人之间的信任程度来对合同关系进行分类，且通常使用成对[3]的概念，比如"相互作用的"和"相关的"（Macneil 1974)，"独立的"和"义务的"（Sako 1992)，"低信任度的"和"高信任度的"（Fox 1974)，以及"敌对的"和"合作的"（Flynn 等 1996)。这些模式将信任程度与特定行为模式相联系，比如，宽泛的合同标准是高信任度的表现，具体的标准是低信任度的表现。以这些研究作为当前研究的模式来源有两大优势。首先，这些模式适于竞争市场。[4] 虽然不能假设英国国民健康保险市场是完全竞争的，但这些模式使我们能够检验这一问题，下文将解释这一点。其次，早期的实证分析显示，它们与英国国民健康保险当事人的行为相契合，甚至与当事人对自己行为的看法都契合。比如，费用负责制的实践中，通常有明确的以合作或对抗方式与提供方相处的政策。

当前研究所使用的被称为"硬性"和"软性"的模式，就是提取了这些研究的精华。它们并不是某一特定作者的观点，因此

----

① 白皮书避免使用明确的市场术语，可能是因为政治原因。

② Walsh 等（1997）因为类似的原因拒绝了这一模式，他也注意到这一模式不能解释英国国民健康服务工作中涉及的广泛利益。

③ 一些学者使用三分法：比如，"古典的"，"新古典的"，"相关的"（Macneil 1978；Williamson 1979)。

④ 这在 Macaulay（1963）和 Sako（1992）的实证研究中尤其明显。

本书赋予了它们不同的名称①以避免混淆：这些研究本身是难以使用的，因为对这些模式明显相似的解释可能在细节地方有所区别。此外，通过特别关注问责的关键任务——标准设定、监督和执行，这些模式将被修改以适应研究的需要。

在对这些模式进行描述之前，对信任这一核心概念进行简单的说明是会有所帮助的。② 部分词典对信任的定义是"对人或者事的品质或属性，以及对一个陈述的真实性的依赖"（Simpson and Weiner 1989）。信任处于信念和信心之间，前者不以对特定信仰有理由为先决条件，后者意味着有合理的理由支持那一信仰（belief）（Hart 1988）。信任本身就意味着没有证据来否定一个信仰（Gambetta 1988b）。重要的是，虽然"信任"可以用来描述一个人只能依赖另一个人而没有其他选择的情形，但是这并不是真正的信任行为的例子（Lorenz 1988：197）。

在我们不确定别人的行为方式，或者别人的行为可能伤害我们的情形中，信任提供了一种处理这些情形的方法（Gambetta 1988b）。这些处理方法与合同关系的相关性是明显的：它提供了应对合同相对方的机会主义行为风险的方法（Lorenz 1988）。萨科（Sako 1992）区分了合同关系中三种类型的信任："合同信任"（即合同相对方会遵守其义务）；"能力信任"（即合同相对方的履行能够达到可接受的标准）；以及"善意信任"（即合同相对方将以增进合作方利益的方式来践行意思自治）。软性模式依赖于高度的信任来应对机会主义；硬性模式所依赖的信任程度较低（所有的合同都需要有一定的信任），并为处理对方的机会主义行为提供了备选方法。

信任和问责之间的关系同样是复杂的。与合同关系一样，问责也无可避免地要求一定的信任（对比 Power 1997）。乍看之下，问责意味着审查，那么就应该选择硬性模式，以最低限度地依赖

---

① 这些名称并非完全是新颖的：Lapsley and Llewellyn（1997）使用了"正式"和"软性"的名称。

② 这一讨论遵循了 Deakin 等（1997：107-8）区分相关信任"维度"的方法。

信任。然而，进一步观察会发现，有效的问责，与有效的规制（Hawkins 1984）以及有效的合同行为（Sako 1992）相同，需要有高度的合作，而通过信任（使用软性模式）可能比通过硬性模式的强制性策略更能促进这一点。因此，硬性和软性模式意味着不同的问责程序，并且令人奇怪的是，软性模式可能比硬性模式更有效，实证研究将进一步探析这一点。

也许运用信任概念最大的困难在于，相关研究并没有明确信任是如何产生及维持的，但可能有一系列因素发挥着作用，其中个人和文化因素是重要的一组（Sako 1992；Fukuyama 1995）。但实证研究显示，这些价值并不足以提供充分的解释：当事人自己可以通过一些证明其承诺和信赖度的行为来建立信任（Lorenz 1988）。的确，信任可被视为需要持续努力的活动（Flynn 等 1997）。此外，近期 Deankin 等（1997）的实证研究证明了，为特定合同设计制度框架的潜在可能性会影响当事人之间的信任程度。这些因素之间的相互关系将在之后的章节中进行探讨。

硬性和软性模式

两种模式的主要特征可以简要地概括如下：

硬性模式：

- 合同双方的低信任关系
- 对抗性地协商标准
- 标准的精确性、全面性
- 严格监控以保证义务履行
- 强制力保障执行

软性模式：

- 双方的高度信任关系
- 以合作方式协商标准
- 标准的宽泛性、综合性，不成文的假设
- 通过共享信息和信任提供方履行义务来进行监督
- 通过劝诫等软制度来履行

本节对这些模式进行了介绍性的描述，并承认其来源于相关文献研究。① 为本研究目的，我们推定购买方有比提供方更强的谈判权，因为提供方急于赢得并维持订单（通常因为交易发生在竞争市场中）。

硬性模式描述了购买方以其行为回应（并强化）了其与提供方之间的低信任关系，这点可以明显地从购买方在合同谈判中为提供方设定履行标准看出来。② 硬性模式的购买方依其需要设定标准，并要求提供方达到这些标准，如果提供方拒绝其中的一些要求，双方就会展开谈判，但是当事人并不共享信息或以合作的方式进行协商，提供方通过签字以表示对合同的同意：购买方对任何更强形式的认同都不感兴趣。

硬性模式对合同条款的表达方式也有要求。虽然起草一个全面的合同很困难，这有时被称为不完全性问题③，但当事人会尽力在更多的方面设定详尽的标准（Macneil 1974；Sako 1992）。购买方的目的在于最大化其对提供方的控制（Fox 1974）。全面性有助于减少因缺乏有关特定问题的标准，购买方无法要求提供方承担责任的情形。清晰明确的标准有助于尽可能地预防有关定义方面的纠纷。

在监督阶段，硬性模式强调检查提供方履行行为的必要性。合同文件中会包含正式的监督程序，并以制裁为威胁（Fox 1974）。购买方将会对提供方所提供的信息与独立信息进行尽可能严格的对比审查④，他以怀疑提供方会欺骗或隐瞒为前提做出行为，并明确抑制这种形式的机会主义行为。⑤

在执行阶段，硬性模式的购买方更重视缔约相对方对其要求

---

①　这里的讨论将专注于与合同有关的文献，但也有其他类似的重要文献，尤其是在执行阶段，规制机关面临的劝诫和公诉的选择，参见 Ogus（1994）和本书第八章。

②　这是对文献资料中发现的观点的拓展，文献更关注合同的有效期。

③　或"presentation"：Macneil（1978）。

④　见 Sako（1992）关于"能力"信任和监督成本的讨论。

⑤　硬性模式的购买方也可能在谈判阶段审查提供方所给出的任何信息。

的履行，而不重视维系二者关系（Sako 1992）。如果提供方不履行，购买方就会"退出"（Hirschman 1970），并与其他提供方缔约。当然，仅仅是将退出作为威胁也可以遏止相对方欠佳的履行行为。为应对尚不至于产生终止合同后果的欠佳履行行为，硬性模式的购买方也可以使用"中间的"制裁方式，这些方式尚未达到退出程度，违约金条款即为其中一种。①

软性合同描述的是一种非常不同的行为模式，它反映并强化了当事人之间高度的信任关系。在合同协商阶段设立标准时，软性模式的购买方将与提供方合作，在信息共享的基础上，协商对双方都公平的交易，购买方会试图获得提供方对所设定的标准的完全赞同，而非仅仅签订合同。这一模式对合作的强调又通过标准的起草方式得到了强化。这些标准具有宽泛性和综合性，有待双方当事人通过进一步协商确定标准的细节，甚至在情况变化时做出相应的改变（Macneil 1974；Sako 1992）。就不完全性问题而言，软性模式购买方的担忧要少于硬性购买方：他可以依赖将来的协商来填补合同的空白。在合同的协商阶段，当事人都相信对方不会做出机会主义的行为，并觉得没有必要制定详细的合同文件作为保障（Dore 1983）。

在全面实施软性模式的情况下，正式的监督程序是需要的，因为购买方信任提供方会遵守约定，并以可接受的标准履行合同（Sako 1992）。在当事人关系的初期，进行一些检查是有必要的，这是为了向购买方再次证明提供方是可信的（Sako 1992：39）。在任何情形中，相互信任的关系都意味着信息在当事人之间的自由流通（Dore 1983），如此便会减少信息不对称的问题：提供方不太可能对购买方隐瞒违约行为。

在执行阶段，软性合同当事人之间的信任关系会以多种方式影响他们的行为。它会防止提供方违约，因为提供方会害怕丧失

---

① 见 Macneil（1978）和 Williamson（1979）关于"新古典"合同及其争端解决措施的论述。

购买方对他的信任（Macaulay 1963）。当违约确实地发生时，购买方也会避免制裁而倾向于进行劝诫，并会与提供方一起解决导致违约的问题（Dore 1983）。在这一模式下，当事人终究不会意图违约，因为对违约可能性任何程度的提及，都可能是在暗示提供方对购买方的不信任，而这将危及二者之间的关系（Macaulay 1963）。

一个解释：模式的隐性假设

这些模式所依据的研究通常是建立在对竞争性市场的研究基础上的。通常情况下，他们关注的是数个小的提供方彼此竞争，以与一个大的购买方进行交易。① 购买方对提供方具有很强的控制力，因为他们害怕失去订单。购买方的优势地位解释了为什么硬性和软性模式都是有效的。在硬性模式中，购买方以退出作为威胁是有效的，因为这种威胁是现实存在的，即有可替代的提供方，并有潜在的损失，即提供方对失去收入的害怕。在软性模式下，购买方使用的劝诫也是有效的，因为其间接地依赖于退出。提供方害怕丧失购买方的信任，部分源于当事人珍惜他们之间的信任关系，部分源于信任的丧失最终将导致合同的丧失。软性的劝诫是以相对严厉的隐性威胁为支撑的（Dore 1983）。

如第二章所指出的，英国国民健康保险中的购买方并不总享有特权。虽然卫生局可能是提供方的主要顾客，且对于大多数提供方的年收入来说，费用负责制实践的预算是很小的一部分②，但购买方并无大量的替代性提供方供其选择。③ 通常情况下，大多数患者愿意接受治疗的行程都是有限的（Barker 等 1997）。④ 在市

---

① 比如，见 Macaulay（1963）；Dore（1983）；Sako（1992）。相似的假设可能也适用于 Fox（1974）。

② 审计委员会（1996）发现，信托机构 20% 的收入都依赖于公债持有人。但是这可能包括 50 份左右与私人诊所之间的合同。

③ 比如，见 Klein（1995）；Propper and Bartlett（1997）；Barker 等（1997）；Spurgeon 等（1997）。

④ 30 分钟的行程通常被认为是方便的（Propper and Bartlett 1997）。

区，可能有多家行程范围内的提供方供购买方选择。在农村地区，住在郡的交界处的患者也可能有不止一个提供方供其选择。这其实创设了限制性的竞争而非促进了竞争（Walsh 等 1997）。但一些购买方的地理位置决定了，大多数的服务可能都只由一个现实的提供方提供。这就不可避免地会增强提供方在谈判中的地位，而购买方的代价则会提高。①

那些有幸处于强势谈判地位的英国国民健康保险购买方能完全实现他们所选的模式，该模式潜在的假设得以保留，并且购买方很可能实现他们的问责目标。处于弱势地位的购买方可以使用这些模式提供的方法，但可能不会那么成功，因为比如购买方可能不得不与特定的提供方签订合同。购买方可以通过游说这样软性的方法使得提供方履行合同，或者通过弱化硬性模式的方法以制裁违约行为而非退出合同。但在任何一种情形中，因为提供方知道购买方不可能跟别人缔约，所以他们完全有可能对购买方的要求施以较少的精力。实证研究不仅要找出模式得以执行的案件，还要找出模式不能完全执行的案件，以研究竞争在合同问责程序中的作用。

哪一种模式最好地描述了英国国民健康保险合同？

在开始个案研究之前，简单地思考一下哪种模式在英国国民健康服务中最为常见是有必要的。从某种程度上来说，任何特定合同的模式都是当事人选择的结果。但是文献研究发现了数个可能影响这一选择的因素（通常运用当事人是理性的这一经济学假设）（比如，Williamson 1979）。

当事人之间关系的持续时间是第一个因素，也可能是最基础的因素（Macneil 1974；Williamson 1979）。硬性模式与短期、离散的交易关系相联系，软性模式与长期关系相联系。一次偶遇是不可能产生软性模式所需要的紧密联系的。英国国民健康保险中

①　第八章将探讨这些以及其他一些影响谈判力的因素。

持续时间最短的合同，就是个别患者的等候名单计划或者一次性专科治疗，其持续的时间仅为治疗时间。常规合同中最短的持续时间是一个财政年（Montgomery 1997b）。约定持续时间为一年且不续签的合同可被视为是硬性的，或至少是接近硬性的。然而，大多数情形中，购买方都会将他们一年期的合同续签到更长时间，或者（少数情形中）在每年重新协商合同价款的前提下签订更长期的合同。后者明显可视为是软性的；前者是接近软性的，尤其是在可以推定合同将会续签时。还有证据显示，购买方原则上倾向于与提供方建立长期关系（Flynn 等 1996）。因此合同期限是一个很明显的指标，即软性模式在英国国民健康保险中更多。然而，一定的谨慎还是需要的。考虑到英国国民健康保险"市场"中可选择的提供方较少，即使一些购买方对特定的提供方并不满意，他们也可能不得不续签合同。因此，英国国民健康保险中长期的关系并不必然意味着当事人之间的高信任度。第七章将会证明这一点的重要性。

第二个因素是经济学文献常提到的资产专用性（Sako 1992；Williamson 1979）。如果为了达到合同的要求，当事人需要对特定资产进行投资，而如若该资产挪作他用，价值将会减损，那么就需要维持长期关系以最大化这一投资的回报，因此当事人就可能选择软性模式。这一因素在英国国民健康保险中的重要性主要体现在地理位置上，如果提供方提议建立一个社区医院为特定区域服务，那么他就可能想要这一区域的购买方承诺使用新医院，因为要用通过吸引其他区域的患者来代替当地患者是很困难的。也可能出现比如在城市地区中，有多个资金雄厚的购买方但服务供给却相对不足的情况，因购买方可能去与别的提供方缔约，而当地的提供方发现自己有余力，就可能与其他购买方缔约，如此便不能实现资产使用效益的最大化。因此在英国国民健康保险中资产专用性可能是一个问题，但是仍然还是取决于当事人的情况。

第三个因素是个人之间的关系。硬性合同并不涉及交易范围之外的关系；软性合同在许多不同的层面都涉及互动（Macneil

1974)。在英国国民健康保险中这一点很重要，因为合同体制是在这样的背景下引入的，即关键行为人对彼此有一定的了解，并有其他方面的关系。这也意味着英国国民健康保险合同适合软性模式。比如，在社会保健服务的情形中，拉普斯莱和卢埃林（Lapsley and Llewellyn 1997）发现，社会工作者彼此认识并且有共同的价值观，这使得正式的合同完全没有必要。[①]

第四个因素是，当事人之间合同权利义务的明确程度。依麦克尼尔（Macneil，1974）的观点，区分硬性合同和软性合同是可能的，前者中当事人可以衡量他们之间的交易并能准确预期回报；后者中在一定时间之后当事人能预期回报，但不能具体地衡量他们之间的交易。这对英国国民健康保险的启发是不明确的。购买方对有限预算内获得尽可能多的治疗的需求，可能会导致其希望相对明确地规定合同所涉治疗的价格和数量（NHSME 1990）。但这也存在困难，因为在某些领域，明确治疗的数量存在技术上的困难，尤其是在社区服务领域（Flynn 等 1996）。明确提供的治疗的类型和效果则更具挑战性（Allen 1995；Flynn 等 1996；Walsh 等 1997）。戴和克莱因（Day and Klein，1987）认为英国国民健康保险是异质的（提供多种类的服务）、复杂的（使用多种技能）以及不确定的（就所提供的服务和其效果或目标的关系而言）。这个问题的解决可能需要一个软性的方法，当事人在合同中约定一般性的标准，并在后续的协商中确定具体的适用。

第五个方面的因素由一组因素构成，其与合同的制度性框架有关（Sako 1992；Deakin 等 1997）。在英国国民健康保险中，中央政府的政策和仲裁体系可能是最重要的影响来源。它们是否鼓励或者促进了长期关系的形成？在英国国民健康保险中，政策因素是模糊的（Hughes 等 1996）。一方面，政府承认对于许多服务而言，购买方只能有一个真正的提供方，因而双方会有长期的关系（NHSME 1989；1990）。另一方面，改革部分上是为了引入竞

---

① 同见 Flynn 等（1996）。

争，因此购买方会面临形成短期关系和在可能时更换提供方方面的压力。① 仲裁对英国国民健康保险合同的影响也是难以预测的，其在协商阶段的适用就意味着一些关系必然是长期的，因而可能需要外部的帮助以保证它们有效地发挥其功能（Hughes 1991）。但是它更一般意义上的弱点，可能会使纠纷扩大，长期关系则更难维持（对比 Deakin 等 1997）。

最后，当事人的策略也是相关的。虽然上文讨论的各种具体因素都是很重要的，但当事人对一种或其他类型模式的偏好也可能产生影响。由于英国国民健康保险有些部分竞争较弱，对于其关系持续的期限，当事人可能也没有选择：与彼此缔约可能是不可避免的。这种情况下当事人之间建立信任关系的意愿是至关重要的（Lapsley and Llewellyn 1997）。但是在"强制性"的关系中信任可能难以维持：实证研究已经充分地探讨了这点。此外，购买方花时间建立关系的能力可能也是相关的：比如，规模大的卫生行政部门要比基金持有者有更多的人员和时间来与提供方开会。

总的来说，预测哪种模式能够最好地描述英国国民健康保险合同是困难的，数个因素都指向软性模式，但也存在一些不确定性：比如，长期关系并非当事人可选择的事实。而实证证据将有助于确定各种因素的影响力。

研究方法

为本研究的目的，本书进行了实证研究，以审视作为问责机制的英国国民健康保险合同。这里将对研究的方法进行简单的介绍。② 在本研究进行的 1996 年至 1997 年，也有一些其他的对英国国民健康保险合同进行研究的实证资料③，但是这些资料没有专注

---

① 卫生部"钱随患者走"的原则（1989b）。
② 更多细节可以见 Davies（1999a）。
③ 更确切地说，本书的研究始于 1996 年夏天、止于 1997 年复活节，这能给数据一个方便的"时间划分"。

于问责问题，并且没有提供足够的、相关的、详细的信息以支持其结论。

样　本

为了对缔约过程有全面的了解，将涉及的三个机构都作为样本是很关键的：卫生局、家庭医生基金持有者以及信托公司。研究尽可能地使用信托公司与卫生局以及与基金持有者之间签订合同的情形作为样本，以此分别从购买者和提供者视角下审视同一合同。研究对象的选择也受到实践和理论考量的影响。从理论层面上说，虽然不可能获得一个具有统计显著性的样本，但结论的可信度也因为以下的原因得到了提高，即样本选择了面对不同情形的主体，且从中发现了他们的一般行为模式（见 Hutter 1988）。从实践层面上说，比如到某地就医的行程和个人对某地的了解等多种因素都与样本选择相关。但样本的规模也的确受到了实证工作可用时间的限制。

本研究包括了三个卫生机构。为了选择面临不同情况的机构，本书选择了获得提供方服务的可能性和该机构辖区人口的特性作为标准。卫生机构对提供方的选择似乎会影响其在市场中的行为：更多可供其选择的提供方可能会导致其更频繁地更换缔约方。[①] 机构辖区人口的特性可能会影响其试图通过合同解决的问题。比如，机构辖区人口具有多种文化特性，那么他就可能更关注不同民族背景患者均获得服务的可能性。事实上，之后的章节将证明第一个标准要比第二个标准更具显著性。

A 机构位于人口相对密集的地区，此地区有一个大型的教学医院作为垄断性的提供方，这个郡以及其主要城市均相对富裕，但是该城市内外都有较贫困的人。B 机构位于农村地区，只有一个非常小的区级综合性医院，其他的医院都位于较远的地方，该

---

① 研究通常以 30 分钟的车程作为患者愿意前往的行程标准（对比 Propper and Bartlett 1997）。

地区的贫富水平不均，但是差异并不显著，其人口中的老年人比重高于一般水平。C 机构位于人口很密集的城市地区，有多个潜在的提供方可供选择，该地区非常贫穷，有高比例的肺癌、冠心病等情况，与 A 地区和 B 地区不同的是，当地人口民族呈多样化。

在每个地区都选取 3 至 4 个实行费用负责制的诊所作为样本。为了审查市场行为，在选择样本时应注意选取对提供方拥有不同程度选择权的诊所作为研究对象，比如，在 B 地区所选择的诊所之一就与当地主要的提供方在同一个城市，而其他两个诊所则位于半小时车程之外的郡的边界，这两个诊所还有一个临近的提供方供其选择，该提供方位于约 40 分钟车程外的另一个郡。另一个重要的标准是诊所加入费用负责制计划的时间，因而样本包括了第一次（1991—1992 年）到第五次（1995—1996 年）加入该计划高潮时间段的诊所，这保证了研究包括经历不同缔约程序以及对该计划有不同热衷度的诊所：早期高潮时间段加入的诊所通常比晚期加入者表现出更高的思想上的认同。

最后，在每个地区都选取了三家信托公司作为样本，一家位于研究的地区之外（两家位于郡外的 C 地区），而其他的都在区域之内。第六章将说明地域因素极大地影响了卫生机构与信托公司之间关系的本质。同时，该因素还有助于深入理解竞争行为：B 地区的郡外提供方为赢得郡界基金持有者的订单而付出的努力是非常有意义的。本研究还将专注于每个地区急性病和社区服务的提供方（通常是郡内社区服务提供方，以及主要的郡内和郡外急性病服务提供方），该研究使得我们能够对比这两类服务，但扩大样本以包括其他类型的提供方（精神健康、学习能力等等）①，也将加大对专业术语理解的难度。

这三个地区的确都产生了一般性的模式，这意味着研究结果具有可信度、可推广度。虽然每个地区的结果都有所不同，但这些不同通常可以用每个地区的特殊情形来解释。比如，C 机构更

---

① 在 B 区通过深入比较的方法，研究了救护车服务。

倾向于将其患者转移给其他提供方，缘于其位于城市中，有更多供其选择的提供方。此外，也没有理由认为本研究所选择的地区不具有代表英国国民健康保险的典型性。接受访问者偶尔会提及不在样本中的主体，比如，信托经理可能会提及其他卫生机构，但那些提及的信息通常有助于确定结果的可信度。

无论是在提供方还是在卫生机构内，本研究都选择了所涉每一诊所的员工进行访问。虽然为了获得更广视角以及检验员工们在缔约中的参与度，本研究也采访了一些比较"边缘"的员工，但访问员工的目的在于确定密切参与缔约的人。为了全面了解缔约内部的各专门领域（质量监督、财务、信息等等），在这三个卫生机构中选择的访问者包括了初级的和资深的员工。而对 A 机构和 B 机构的采访多于 C 机构，原因在于采访这两个机构较为容易。每个实行费用负责制的诊所通常都有一个负责日常管理的基金经理，以及一个因费用负责制之需要而被委派为"首席"合伙人的家庭医生，这两类人对缔约过程的参与也是最多的，本研究尽可能地对他们进行采访。对那些作为"边缘"研究对象的非为首席合伙人的家庭医生，本研究也进行了一些采访和非正式的谈话。英国国民健康保险的信托公司通常有一小组参与缔约的人员。而本研究也采访了包括财务和质量监督在内的不同缔约领域的资历各异的员工。"边缘性"的采访还包括了提供方内部提供特殊服务的经理和一小部分临床医生。[①]

数据收集方法

本研究主要使用了三种研究方法：文献分析、参与观察以及访谈。多种方法的使用以及"三角测量法"（Campbell and Fiske 1959），通常都被认为是具有理论价值的方法，因为它们提高了研究的可信度和有效性。如果研究者可以证明不同方法所产生的结果互补，那么偏见存在的可能性就降低了。此外，特定方法存在

---

① 本研究发现临床医生对缔约产生的作用小于审计委员会（1996）所认为的程度。

的缺陷不会存在于整个研究中，甚至可能出现这种缺陷被其他方法弥补的可能性（Hutter 1988）。

本研究最重要的文献即为英国国民健康保险合同，虽然当事人通常不公开它们，但它们却是处于公共领域的（NHSME 1990），而员工并非都能认识到这些合同的公共性本质，所以有时候需要进行一些协商以获得它们。缔约过程中也会产生其他一些文件，比如采购策略规划以及来自提供方的常规履行报告，实证调查过程中也分析了这些文件中的一部分。合同的协商部分是通过要约和反要约以确定细节来完成的，本研究掌握了这三个卫生机构全部的通信文件。

这些文件通过如下方式得到运用。第一，它们本身就是重要的数据来源，合同中包含了当事人对其问责关系的正式声明，提供方的报告也为有关问责监督阶段的研究作出了正式的贡献，但与此同时，意识到当事人的声明可能并不能反映其行为也是很重要的。因此，第二，文件可以作为设计采访问题的出发点，以发现文件与当事人日常活动之间的"适合"程度。

观察也可以使用不同的形式。在一种极端情形中，研究者运用纯粹的观察法，即悄悄地观察研究对象，以发现其在特定情形中的行为（Adler and Adler 1994）。在另一种极端情形中，观察者不仅仅观察研究对象的行为，还参加他们的活动并与他们谈话（Becker 1958）。本研究使用的是一种居中的观察方法，不是隐蔽地进行，但也不参与被观察者的活动。

观察主要用于合同监督和合同协商会谈中①，除此之外还有丰富的数据"值得注意"，但因观察极为耗时，所以不能在三个研究地都进行。本研究的观察集中于 A、B 两个地区。在 B 地区，主要观察了 B 机构与其主要的急性病和社区服务提供方之间的合同监督会议，和该机构 1997 年至 1998 年的大多数缔约谈判回合。而 A 机构与其主要的急性病服务提供方之间的谈判会议资料则难

---

① 采访用来探索缔约过程中会议的作用，以确保它们是协商和监督的重要平台。

以获得。但本研究所涉的这两个地区中的数个实行费用负责制的诊所，与主要的急性病和社区服务的提供方之间的监督和协商会议也都在观察范围内。

观察存在的一个问题就是：观察者的出现可能会影响研究对象的行为。这种影响可以通过更长时间的"留在现场"来减少（Burgess 1984）。该问题也存在于本研究，因为本研究观察的活动仅仅是研究对象日常工作中的一小部分，而他们其余的工作是不需要特别地观察的。尽管如此，本研究还是运用了各种策略以建立与参与者的密切关系。首先，在研究初期经常地参与特定的会议，尤其是卫生机构与提供方之间定期性的会议。其次，与许多会议参与者进行访谈，或者至少在等待开会时对其进行非正式性的访谈。最后，对合同文件和通信进行分析通常需要花几天甚至几周的时间待在研究对象的办公室中。这些因素有助于确保研究者出席会议不会不正当地影响参与者的行为，参与者能够以全面、坦率的方式讨论那些有争议和敏感的问题。研究者需要持续地参与会议才能使得一个局外人出席会议是几乎不会受到特别注意的。

观察和访谈能够很好地互补（对比，Adler and Adler 1994）。访谈通过减少对会议的误解或偏见来确保观察结果的有效性，观察也有助于确定访谈数据的有效性，因为它可以识别一些受访者有意或无意地对一个问题给出引人误解的回答的情形，比如，受访者有时的确会夸大合同协商阶段的合作（或敌对）程度。

访谈是从缔约程序的参与者中获取信息的主要方法（通常的论述，可对比 Fontana and Frey 1994）。本研究对卫生机构、费用负责制诊所和提供方的核心人员进行了约 50 次的正式访谈，而这些访谈的不足也被那些不计其数的非正式访谈弥补了，比如，去开会的路上或审查文件的过程中进行的对话。这些也都是关键的数据来源。

为了鼓励自由地进行谈话和传递信息，每一次访谈都是半结构化的：访谈会以任何合适的顺序对所列举的话题进行探讨。本研究探索性的本质决定了封闭性的问卷是不适用的。许多研究者发现，受访者乐于探讨他们的生活或工作（比如，见 Hutter 1988）。除此之外，本研究发现大多数英国国民健康保险的经理（多受到媒体中伤），也都乐于探讨他们工作中的困难和挑战，有时，他们的确会试图对问题展示出"政党路线"，但深入的追问通常能引出更多坦诚的回答。

访谈引起了一系列自我陈述的问题（Fontana and Frey 1994）。本研究使用了两种策略。第一个是"学习者"，让专业受访者对外行解释他们的工作，这一策略通常都会得到经理们较好的回应。第二个是声称通过研究获得了很多有关英国国民健康保险缔约的理论和实践知识。相对于与需要花时间解释一些问题的一般研究者进行对话而言，忙碌的家庭医生可能更愿意与专业研究者进行对话，这样他们就能讨论一些困难且有趣的话题。无论哪种情况，最重要的是要避免以鼓励或者不鼓励某种主张的方式使受访者产生偏见（Burgess 1984）。在受访者允许的前提下，为确保访谈得以精确地保存，都对访谈进行了录音。文本中所有的引言都来自正式的访谈，非正式的讨论也由现场笔记进行了记录。

道德问题

本书研究道德来源于法律社会学研究协会的"道德实践声明"（SLSA 1993）的指导，本研究主要涉及两个道德上的义务。

第一个义务是确保研究建立在参与者知情同意的基础上："这意味着法律社会学研究者有责任尽可能以参与者能够理解的语言全面地解释如下问题，即研究的内容、研究者和资助者、研究的理由以及研究结果的传播方式"（SLSA 1993：para. 3.2）。这一义务是通过认真撰写授权信来履行的，且在访谈的开始时和非正式的谈话期间，都会再次强调关键的信息。

第二个重要的义务是确保参与研究者身份的秘密性（SLSA 1993：para. 3.3）。本研究也始终谨记这一义务，比如，在描述

（第八章）"创造性履行"这个有争议的话题时（McBarnet and Whelan 1991；1997），甚至不会提及其发生的地区，以防止尝试确定负责者身份的行为。研究室内也要维持秘密性（Bryman 1988），研究可能难以避免一些员工知道其他人正在接受访谈（同时也为参与者所认同），但研究仍注意保证每个访谈都是保密的，这点在合同双方都参与研究时尤为重要。不过，本研究没有遇到要求违反保密义务而提供信息的直接要求。

方法的局限性

实证研究必然会遇到研究时间、能力、信息的获取等方面的局限。本研究主要受到两个方面的限制，一个是对以下信息的准确性和真实性进行最终审查是不可能的，即提供方为监督之目的提供给购买方的信息，因为这需要研究者也能获取对提供方来说对等的信息。仅仅与制作报告的工作人员一起工作是不可能实现该目的的：对于收集数据的"前线"人员来说，对管理层隐瞒他们的履行行为是有利可图的。考虑到实证研究的时间有限，加之研究需要涉及比较广泛的问题，所以对这个问题进行调研是不可能的。此外，一些数据可以通过其他方法获得：提供方有时会承认他们给购买方提供的信息是不准确的。

第二个局限是，探索适用于购买方和提供方的在细节方面一如作为本研究核心的合同的其他问责机制，也被证明是不可能的。其原因在于设计一个便于管理的实证研究并在有限的时间内完成它的困难性。但研究中也收集了一些相关的数据：购买方对中央政府的问责通常在访谈中进行讨论，本研究也观察了英国国民健康保险的主管人员参与的会议。就研究英国国民健康保险合同本身的主要目的而言，这些数据是足够的。

结　论

接下来的三章将展现本个案研究的数据。对相关数据的探讨将借助第四章谈到的问责分析，以及本章开始部分谈到的硬性和软性模式的合同关系。结论将通过"好的问责"理念来进行评估：相关的章节将进一步解释。本研究将讨论的三个主题是：英国国民健康保险合同与其他适用于购买方或提供方的问责机制之间的互动（第六章）；当事人之间问责关系的本质以及因此产生的正当程序问题（第七章）；确保合同作为问责机制的有效性问题（第八章）。

第六章

融入：其他问责机制下的合同职责

乍看之下，将审视其他适用于提供方和购买方的问责程序，作为研究提供方与购买方之间问责关系的开始似乎有点奇怪。但文献资料和初步的实证工作都表明，不能孤立地理解英国国民健康保险合同，它与其他问责机制的互动引出了有关有效性、效率和透明度的关键问题。

本章的第一部分将讨论适用于购买方的合同问责程序与问责机制之间的关系，并提出购买方和中央关系层面上的授权和自由裁量权的问题，这个问题在第三章讨论购买方和提供方的相关问题时也提及过。虽然中央政府已经将实质性的权力授予了购买方，但其仍要求他们对财政绩效和特定标准的服务负责，这使得政府对以下的问题有着相当大的控制权，即购买方声称的其与提供方在问责关系中的问题。中央政府的这一角色与患者和公众形成强烈反差，即没有证据显示提供方会对患者和公众的需求做出回应，这很大程度上是因为缺乏他们得以要求购买方承担责任的有效机制。这些数据都是通过使用有效责任原则和透明度原则进行评估的。

本章的第二部分探讨了购买方试图通过合同来微观管理提供方的有效程度。如第三章所解释的，评论家担心实践中因购买方的干预，合同化难以给予提供方足够的自由以最有效地管理自己的运营。但研究发现，问题在于选择性干预，而非文献中提到的、发生在"中央——购买方"这一关系中的持续性干预。一些有关好的职责的定义原则都来源于这些数据。

本章的第三部分探讨了适用于提供方的合同问责程序和问责机制之间的关系。理论上，合同可以用来对提供方履行行为的任何方面设定标准。这使得英国国民健康保险购买方的活动与以下两种类型的活动存在实质性重叠的可能性，即适用于提供方的其他问责机制的活动，以及不同的英国国民健康保险购买方要求相同的提供方负责的活动。本章的第三部分提供了数据以展示购买方是如何处理这一重叠的，以及一些有关规范化回应这一问题的思考。

购买方的责任：调查结果

中央政府的职责

第三章有关续阶方案文献资料的讨论显示，让行政机构独立于部长们的尝试是不成功的，因为部长们会试图干涉"操作性"的事务。虽然购买方和中央之间的关系没有被明确地建构为合同关系，但在英国国民健康保险中创设内部市场却与授权类似。[①] 有关患者医护服务的成本、数量和质量的决定，也将由购买方依市场情况做出。但通常情况下，英国国民健康保险是一个具有政治敏感性的话题，这意味着政府对购买方的授权可能比实践中的更明显。虽然英国国民健康保险合同的潜在范围很广，但目前的研究发现它们实际上几乎只专注于两个问题：提供医疗服务的成本、数量和患者等待治疗的时间，而这些也常常是政府问责购买方的问题。其他研究也有同样的发现：在 McHale 等人（1997）有关英国国民健康保险纠纷解决的研究中，也发现了很高程度的中央控制，他们使用"行政管理合同"的称谓以表示当事人的行动自由受到限制。

在阐述本研究的发现之前，有两点方法上的注意事项需要说明。首先，此处的"中央政府"是用来指英国国民健康保险层级体系中的上层（英国国民健康保险执行机构及其地方办公室）和

---

① 卫生机构的确同意与英国国民健康保险执行机构的地方办公室签订"合作合同"，下文将讨论这点。

卫生部的一个概括性术语。在聚焦于购买方的研究中，是不可能区分不同层级的"中央"各自产生的影响的。其次，需要注意的是，有关行为影响的评估是一门不准确的科学。购买方对其行为的解释将与以下信息进行交叉检查，即对购买方行为进行观察而得的一手资料，以及合同与中央指导文件所提供的证据。但是这里所得出的解释仍应视为暂时性的。

合同都包括对价款的明确规定，以及对提供的服务[①]的描述。购买方会尽可能地使用"成本数量"合同[②]，其中涉及复杂的与提供治疗总数有关的预测，这些总数会被细化为每个专科的具体目标。研究所涉的所有合同都有规定门诊病人进行预约和住院病人等待住院的最长候诊时间的条款，时间的长短会因科室不同而有所变化。

基金持有者和卫生机构的合同，都要求提供方报告服务和候诊时间方面的进展，这些报告通常是按月进行的。合同通常会规定这些数据延迟提交的违约金。工作人员通过检查报告来发现是否有实际或可能发生违约的迹象，并在合同监督会议中要求提供方对其进行解释或解决发生的问题。标准将被严格执行，服务水平是通过如下机制来维持的，即"表现欠佳"（没有达到服务水平）的提供方需退款，而"表现过好"（超过了服务水平）的将收到购买方支付的额外款项。提供方显然不会想要被要求退款，因为这可能会使他们没有足够的钱来支付固定成本。但是他们也要注意"表现过好"：如果购买方并不认可额外的工作，那么他们可能会拒绝支付额外的款项。研究所涉的三个卫生机构（以及一些基金持有者）都对违反候诊时间要求的行为采取了相对严厉的制裁，通常这些都是合同的违约条款。

为什么购买方会如此注重这些问题？从一个层面上来说，关

---

① 英国国民健康保险中有关"治疗量"的行话。

② 见 NHSME（1990）对合同种类的详细讨论。在当事人没有可靠的活性数据的情形下不能使用成本数量合同，但是一般的趋势是一旦数据收集系统得到提高就开始使用成本数量合同。

注服务和资金并不令人惊讶。基本的讨价还价是任何合同的重要组成部分。没有以何种价格购买何种东西的协议，就没有私法上的合同（Treitel 1999）。对合同关系的实证分析发现，无论合同的其他部分有多么不正式，当事人通常都要对这些要素进行明确的约定（Macaulay 1963）。此外，购买方希望通过严格地执行合同目标，以确保他得到"物有所值"的东西是很正常的。这种观点在基金经理①中尤为常见，所以他们会花费很多时间查询提供方那些通常情况下都不准确的发票。

但关注服务和资金还有另一个重要的原因。中央要求两种类型的购买方都要纳入其年度预算，并需要达到一定的财政目标，其中最著名的就是"效率增益"②。为了维持预算，购买方要细致地监督其服务水平，以免产生他们不能承受的额外责任。为了获得效率增益，购买方需要证明他们以同样的钱购买了比上一年更多的服务（或者同样的服务花了更少的钱）③，提供方欠佳的表现可能会有损于这一点。

中央采用了一系列正式和非正式的问责机制来推进购买方完成财政目标。费用负责制诊所主要是需要对他们当地的卫生机构负责，每年年初时，诊所有义务将他们开支计划的细节提供给卫生机构，到年末，则需提供年度报告和账目。④ 除此之外，他们每个月都要向卫生机构提交账目⑤，以及他们签订的英国国民健康保险合同的进展详情。⑥ 诊所非常希望将他们的财务控制在可控范围

---

① 这一术语在英国国民健康保险中很常见，用来指代在一般诊所中的费用负责制的行政管理人员（通常不是家庭医生）。

② 提供方也需要达到财政目标：他们有义务维持年度收支平衡，并从现有资产上获得回报：1990年《英国国民健康保险与社区保健法案》，第10条。因此，他们通常支持购买方在财政和服务上设定明确的目标。

③ 这是财政部给英国国民健康保险整体设定的要求。比率通常是约2%（NH-SME1990）。

④ SI 1996/706，Schedule 2.

⑤ 账目必须经过审计：见1977年《英国国民健康保险法案》第98条，和SI 1996/706。

⑥ SI 1996/706，Schedule 2.

内，因为一旦他们表现出任何超出预算的征兆，卫生机构都可能对他们进行更严格的监督。卫生机构代表国务大臣履行职责，对国务大臣承担最终的责任[1]，所以他们有义务向国务大臣提供年度审计报告。[2] 而他们的财政绩效也受到英国国民健康保险执行机构地方办公室的常规检查。很少会有经理想要激怒他们的英国国民健康保险的上司：因为他们的工资、甚至工作都与绩效相关，所以如果长期不能达到财政目标，他们自身也会受到影响。[3]

购买方对中央政府的责任，也有助于解释候诊时间的优先性。在患者权利宪章中，政府做出了一个广为传播的承诺，即在英国国民健康保险中达到并维持一系列最长候诊时间的目标（卫生部1991；1995）。英国国民健康保险执行机构在其制定的《优先事项及计划指南》后续版本中（比如，NHSE 1995b）将这些目标规定为英国国民健康保险的优先事项。卫生机构需要与英国国民健康保险执行机构的地方办公室签订年度"合作合同"[4]，其中他们要完成包括候诊时间标准在内的各种各样的目标，而且他们必须每月报告绩效情况。基金持有者也在某种程度上受到这些压力的影响[5]，如果有患者的候诊时间超过患者权利宪章规定的最长时间，他们就必须向卫生机构报告。在财务方面，大多数诊所都会避免卫生机构对其履行行为进行更为侵入性的监督，而只有在他们可能陷入困境时，这样的监督才会发生。经济实力较强的基金持有者就有能力以远低于患者权利宪章规定的最长候诊时间订立合同[6]，因此对于他们来说，按患者权利宪章规定行为并不困难。但对这些诊所而言，候诊时间仍然是具有高度优先性的任务，即使

① SI 1996/708.

② 1977年《英国国民健康保险法案》，第 98 条（已修订）。

③ 通过科层管理机制传达的威胁，可能因国务大臣有权解除卫生机构或信托公司董事会这一事实而强化（1977年《英国国民健康保险法案》，第 85 条，已修订）。

④ 一种不具有法律执行力的管理工具（NHSE 1995b）。

⑤ 比较这一问题上，审计委员会（1996）对基金持有者行为的早期研究。

⑥ 相较于其他基金持有者和卫生机构而言，有一些基金持有者（尤其那些早期加入计划的人）似乎有更多的预算，即每个患者都有更多的钱。这使得他们能购买更多的治疗且候诊时间更短。有关这一问题相关证据的评论，见 Goodwin（1998）。

其影响并不那么明显。许多受访的家庭医生都认为，能否缩短候诊时间是他们决定是否加入费用负责制计划的主要考虑因素。

中央管制的职责还可以通过讨论那些并非在中央政府优先考虑范围内的事项来说明，质量就是这样的事项。卫生机构倾向于完全忽视它，而基金持有者只在非常特定的情形下才会设立一些质量标准。

三个卫生机构所有的合同都包括大量称为"质量监督"的条款。所设立的这些标准与投入有关，比如每一轮班中经过训练的护士的数量，也与程序有关，比如门诊运营时间上的保证。[①] 提供方需要报告其每季度或每年在质量标准上的履行情况。按照合同的字面规定，监督是通过报告和视察提供方的场所来完成的，但实践中，只有 C 机构在本研究期间还在进行常规的视察，甚至在这里，视察也越来越少。显然，在本研究之前，质量问题曾是一个有较高优先性的问题，但在本研究进行时其重要性已经下降。

质量监督条款在卫生机构合同中的起落，也同样反映在中央层面。最初对程序和投入标准的关注明显与患者权利宪章有关，中央鼓励机构在其合同中采纳和具体化宪章的标准。[②] 但是在患者权利宪章公开五年后，到本研究开始时，其最初的影响力已经消退。[③] 甚至对于英国国民健康保险执行机构而言，它已成为"基本要求"而非当前的优先事项（NHSE 1995b）。此外，在研究之前和研究期间，机构开始面临降低其管理成本的压力。而因为中央越来越少地关注质量问题，所以机构已经开始将其质量部门视为精简对象，比如，B 机构已经将其质量团队从三名全职员工精简为两名兼职员工，同时这两名兼职员工还负有其他职责。另外，其中的一些标准也是有争议的，这使得在缺乏中央刺激的情况下，

---

① 有关健康保险中对不同类型的质量标准的分类，见 Donabedian（1980）。健康保险中有关"质量"争议的介绍，见 Morgan and Potter（1995），以及一般的公共部门，比如见 Gaster（1995）；Kirkpatrick and Martinez Lucio（1995）。

② 国家的"比赛成绩表"被用来宣传绩效：见 NHSE（1998）。

③ 虽然候诊时间是该宪章的一部分，但它们通常被认为是一个不同的问题。如上文所述，它们仍然具有很高的优先性。

卫生机构和信托公司的质量经理更难坚持这些标准。有人认为，对简单易测量的程序问题的关注，会导致忽略更加困难、但是更为重要的临床结果，甚至与之相冲突。而很多医师甚至一些质量经理认为这些标准是缺乏合理性的，所以如果机构没有推行这些标准的义务，那么他们就没有理由继续坚持这些标准。

对于基金持有者来说，他们的处境就完全不同了。除了可能存在候诊时间这一例外，他们从没有受到来自中央的强烈压力，要求他们用患者权利宪章作为质量标准的依据。因此大多数诊所都乐意将宪章的执行问题留给卫生机构，并继续他们自己的质量计划。关于诊所在质量标准上的数据显示，在研究所涉的三个地区，他们对优先性的选择惊人的一致①，用合同设定与各医院保持联系的标准是绝大多数诊所的首要选择。② 这些标准明确规定了接受来自会诊医师有关每个患者治疗详情信件的截止时间。而对不履行的制裁就是不支付治疗费：诊所会交叉核对他们收到的来自会诊医师的信件和来自信托公司的发票，并会拒绝支付发票所涉项目直到收到与发票相对应的信件。

时间和动机一起共同构成了一个优先事项。就动机而言，家庭医生一直抱怨沟通不良，因为如果不知道患者在医院接受了何种治疗，他们就难以在患者出院之后为其提供适当的保健服务。而且，沟通并不需要在时间或工作量上有特别的投入。而对发票进行交叉核对的程序，既能监督有关沟通标准的执行情况，也能确保提供方没有不当地进行收费，虽然这的确占用了基金经理相当多的时间，但因为它能同时解决两个问题，所以所花费的时间仍是值得的。

总的来说，中央政府制定的优先事项有相当大的影响力，但也不完全是对提供方和购买方合同的问责程序的束缚。当中央要求购买方对完成重要目标负责时，他们会在与提供方的合同中规

---

① 比较审计委员会（1996）对基金持有者采用的质量标准较早期的调研。

② 其他问题也在合同中提到，比如患者出院带药的标准，以及在对门诊病人进行第一次或第二次诊断时，应当由会诊医师而非初级医师来诊断的标准。

定这些目标。当目标的重要性下降时，购买方也会减少对它们的关注。最令人惊奇的是，很少有购买方会对不是中央优先事项的事情付出努力，对于卫生机构而言尤其如此。基金持有者的确会自己扩展业务，但是只有当简单地增设问责程序就能带来实质性的利益时才会如此。

患者和公众的职责

在评估有关中央政府职责的调查结果之前，将其与患者和公众的职责进行对比是有启发意义的。英国国民健康保险行政结构中的一种模式可能会将购买方视为中央政府的代理，从而认为他们仅仅负有执行中央要求的职责。在这一模式下，如果患者和公众有看法的话，这些看法将通过中央政府纳入程序。但有关英国国民健康保险改革的一些言论却对此有不同的看法，它们非常强调"做出贴近患者的决定"（卫生部 1989b；Hughes 1991），这意味着这样一种模式，即购买方在要求提供方负责时会对当地的需求和担忧做出回应。

数据显示，卫生机构对当地的担忧仅给予了有限的考量，他们的回应倾向于局限在这些担忧补充了中央要求的情形。比如，C机构的质量经理致力于少数民族患者获得医疗服务的问题，是因为患者权利宪章要求不同族群的患者都能获得服务，即使其中并没有明确地提到少数民族。而恰好该地区有比例相对较高的少数民族居民，因此这对于当地来说是一个重要的问题。相反，B机构的经理认为不能质疑或者违背与当地需求不一致的中央要求，但由于全国性的动员，他们不得不在儿童重症监护上花更多的钱，虽然当地的相关服务比较充足，并且有一个持续的投资项目以确保相应设施得到维护：

> 我不认为我们的会诊医师，或者我们作为购买方，有必要立即对儿童重症监护投入更多的资源。但我们被告知，这些服务需要发展，因此我们需要对这些服务的发展做出贡献。

当地方需求不符合中央要求时，是不会有人去满足这些需求的。

对这一问题的解释是：当地居民要求卫生行政机构负责的问责机制较弱。[1] 虽然有很多这样的机制[2]，但都不能超越中央所施加的影响。首先，卫生行政机构需要就其购买计划进行咨询（卫生部 1994），但是他们对此态度各异，并且研究没有发现计划因那些表述出来的观点而改变。其次，这一咨询程序可能得到每个卫生行政机构所在地的社区保健委员会的辅助，该委员会是由公民组成的一个法定主体，有权就机构工作的某些方面接受咨询。[3] 社区保健委员会可能在咨询程序中对机构的决定提出质疑。但本研究也没有发现有证据显示，决定会因社区保健委员会的努力而改变。再次，卫生行政机构有一个由执行董事和非执行董事组成的委员会。[4] 非执行董事可以要求执行董事对其决定负责，并可作为当地社区的拥护者。然而，非执行董事的作用是有限的（Day and Klein 1987；Ferlie 等 1996），因为改革以"商业经验"作为委任的主要标准，这使得委员会很少会代表当地社区（见 Ferlie 等 1996），因而非执行董事是不太可能成为社区拥护者的。由此可见，机构面临解决当地担忧的压力，而当中央也对此毫无兴趣时，他们就更没有理由这样做。

如上文解释的那样，基金持有者距远离中央政府影响仅一步之遥，他们似乎确实比卫生机构更愿意运用合同问责程序来完成自己的计划。那么，是否有证据显示他们会回应患者的担忧？此

---

[1]　关于批判，一般见 Longley（1990；1993）。

[2]　在常规机制之外，机构可能还是利益受到侵害的患者责备的对象（Montgomery 1997a）。

[3]　1977 年《英国国民健康保险法案》，第 20 条及 Schedule 7。1996 年《社区保健委员会规则》（SI 1996/640）；Montgomery（1997a）。关于批评，见 Longley（1990；1993）。在起草阶段，议会提议在《健康和社会保健法案》中废除社区保健委员会，创设患者论坛以及独立的建议服务。

[4]　1977 年《英国国民健康保险法案》，Schedule 5（已修订，1995 年《卫生机构法案》）。1996 年《卫生行政机构（成员和程序）规定》（SI 1996/707）。相关讨论见 Day and Klein（1987）；Ashburner and Cairncross（1993）；Ferlie 等（1995）。

处数据显示出的是一个复杂的情况。首先，家庭医生非常清楚患者每日的担忧。对于家庭医生而言，候诊时间很重要的原因之一就是，他们目睹了患者在等待治疗时所忍受的病痛折磨。然而其次，家庭医生用合同来专注于那些使他们更轻松、同时有利于患者的事情上。而关注与医院的沟通能够帮助患者，因为这使得家庭医生在患者出院之后可以提供适当的保健服务。但是家庭医生所给出的强调这一标准的理由，却是不良的沟通给他们带来了麻烦，而不是因为他们需要提高对患者的服务。再次，诊所很少正式询问患者的看法。值得注意的是，就进行了患者调查的诊所来看，合同的使用是非常模糊的。一位基金经理发现，患者为更早获得治疗宁愿去更远的地方，因此他们决定为家庭医生提供更多医院在候诊时间方面的信息，以便于家庭医生做出转诊决定。

虽然很难说家庭医生对患者的担忧毫不关心，但适用于他们的正式外部问责机制仍相对较弱。① 与卫生机构一样，家庭医生也需要就其购买计划进行咨询（NHSE 1995a），但研究发现他们不可能参与正式的咨询。当然，家庭医生可能认为他们与患者的非正式接触足够多，使得他们能够了解当地的需求。但这是存在问题的，其中的一个难题就是，家庭医生的观点可能会偏向于经常找他们的患者，而不能将全部人口的需求都纳入考虑范围。另一个难题是，非正式的询问使得家庭医生在相关观点的选择和解释上有相当大的裁量权，而这有悖于更加正式的、由患者主导的问责机制。

说患者和公众对合同问责机制没有任何影响显然是不正确的。他们非正式性地将观点传达给家庭医生，这些观点也的确影响到了合同。此外，缔约程序中，参与缔约的员工也确实运用了使用者的观点：C地区对少数民族问题的关注就显示了这一点。但两种类型的购买方对患者和公众的正式问责机制都比较薄弱的确是一个问题。这意味着购买方没有特别的动力补充，当然更没有动

---

① 患者如果对购买决定不满意可以投诉（Montgomery 1997a）。

力对抗中央政府的要求，下一节将讨论这些发现的规范意义。

购买方的责任：评估

实证发现表明授权是英国国民健康保险中重要的问题来源。因为购买方的行为严重地受到中央优先事项的影响，所以他们在合同中只有很小的自由裁量权来解决当地的问题。这意味着授权的优势，比如，积极回应地方需求，很少实现。明显可见，改革所倡导的地方自治与购买方的行为现实之间存在很大冲突。这使得任何从数据可得出的有关有效授权的经验都非常有价值。"机构化"的政府非常依赖于将购买和其他权力，分配给独立于中央政府的独立责任中心。本节探讨的就是，如何避免英国国民健康保险所面临的问题。

在授权问题上，公法有两个核心原则。第一个是法谚"受托人不得转让其受托权限"，这要求受托人行使自由裁量权，而不得再向其他人授权。第二个是 Carltona 原则①，该原则规定授予部长的自由裁量权可以由该部门内的公务员行使。弗里德兰认为，该原则或者相当于基本规则的例外，即允许转授权的特殊情形；或者不属于基本规则规制的对象，即可以理解为公务员处在部长的位置上，因而不存在授权的问题（Freedland 1996）。有争议的是，近期的机构化发展（Freedland 1996）以及外包（Freedland 1995）已经逾越了 Carltona 原则。这两种情形都要求独立于部长的官员，比如机构中的公务员或者私人公司中的员工，行使自由裁量权，这不同于 Carltona 案，该案中由非常资深的部门公务员"——部长助理"作出决定，且其决定作出之时该案正处于紧要关头。如弗里德兰指出的："因此，认为某人代表另一人，同时又独立于他，确实是需要一些独创性的"（Freedland 1995：25）。

这一理论问题有一个与之对应的实践问题。在国有工业和近

---

① Carltona v. Commissioners of Works，1943 2 All ER 560.

期的续阶计划中，有人认为政府制造了一个授权的表象，而实践中仍然对其代表施以相当大的控制。经理们抱怨道，他们得到的承诺是他们能够自由地管理自己的组织，但这却因非正式的指导而大打折扣，而这些指导通常并非受到组织利益的影响而是受到政治命令的驱使。但是部长仍然就服务的提供对议会和公众负责，因而为回应公众担忧而试图进行的干预通常是难以避免的。这意味着 Carltona 原则已经不能胜任需求，发展出好的授权原则有着迫切的需要。

　　好的授权应当包括问责和自由裁量权。代表应当对他或她任务的关键部分的执行负责，但是任务中的某些因素不应由受到代表自由裁量权影响的委托人来决定。对于确保委托人既能控制代表的行为又能为代表的行为负责来说，问责是非常关键的；自由裁量权使得代表能够使用他或她的管理技能或本土知识来执行任务。目前的研究难以就问责和自由裁量权之间的平衡这一永久的探求给出一个定论，但是研究的确提供了一些有关何种条件下购买方可以决定追求他们自己的目标的信息，虽然他们受制于较为严格的中央问责机制。政府可以促进这些条件，以使代表享有更多的自由裁量权。

　　如上文解释的那样，尤其是对于家庭医生基金持有者来说，如果有时间和动力，他们都更愿意解决自己的优先事项。从给予购买方充足的时间来实施自治这一概念中，我们不能得出什么实践性的指导，但它可以鼓励政府聆听代表们有关他们承受了过多的中央指导的抱怨，并采取行动，不过，这并非一个硬性的原则。因为很难计算一个特定的中央优先事项花费了多少时间，或者计算购买方需要多少时间来解决他们自己选择的问题。动力看上去更有希望，因为有很多方法可以驱使购买方和其他代表有动力解决他们自己的优先事项。

　　利用购买方的自利就是一种方法：他们可能想要利用缔约程序，去解决那些可以改善自身条件的问题。就这一点而言，英国国民健康保险改革是比较成功的。费用负责制诊所第一次给予了家庭医生机会，让医院的临床医生来负责。许多家庭医生都抓住这次机会来解决长期存在的问题，即使中央对这些问题毫无兴趣，沟通就是一个典型的例子。但对自利原则的利用也是有局限的。建立在购买方自利基础上的标准，并不必然会显著改善、甚至可能完全不会改善患者所接受的医疗服务水平。卫生行政机构作为购买方远远脱离提供保健服务的过程，以至于建立在使患者生活更轻松基础上的标准（比如，确保提供方及时准确地提供活性数据）不可能对患者有太大的影响。对于家庭医生而言，重叠部分是更重要的，但尽管如此，并不能保证在此基础上的标准能够有利于患者。

除了合同问责程序中中央优先事项外，另外一个鼓励购买方解决问题的方法就是：通过中央问责强迫他们这样做。购买方需要表明他们已采取措施逐步确定或者回应当地需要，以示他们承担了对政府的责任。在本研究进行时，这种方法尚未在英国国民健康保险中尝试。虽然，比如中央行政指南要求购买方就其购买计划征求中央政府的顾问意见，但购买方并不需要向他们的英国国民健康保险上司证明，他们已经按照协商结果采取了行动。不过，这个方法存在一个明显的问题：当顾问结果与其本身的优先事项相冲突时，中央政府可能不会有效地去执行该顾问结果。

第三种可能就是建立一个有效的问责机制，其中除政府之外的其他利害关系人都可以要求购买方承担责任：比如患者和社会公众。而满足其他监管者的需要，会给购买方一个很好的理由去解决某些非中央政府制定的优先事项。患者的观点可以用来详细说明中央政府的优先事项在地方的具体含义，比如，决定怎样更好地使用用于缩减候诊时间的专门款项。然而，中央的优先事项不可能总是与地方需求密切一致。那么如何调和它们之间的冲突呢？

一个选择是，在任何冲突的情形中，地方责任都"优于"中央要求。但是，像英国国民健康保险这样的服务是很难实行这一选择的，因为它的资金来自一般税收，政府要对其整体绩效负责。

另一个选择是，中央的要求永远"优于"地方。这可以给地方责任留有一些空间，前提是中央的要求不具有综合性和全面扩张性的特点。但购买方越是要解决中央的目标，地方责任就会越显得不重要。不难想象这样一种情形：购买方会因此停止对地方责任投入更多的努力。最后，可以考虑一种综合性的方法，其中购买方可以在中央和地方相竞争的要求之间进行自由裁量。施加限制也是必要的，比如中央预算的要求必须具有强制性，但除此之外，购买方自行解决这个冲突。这一选择赋予了购买方具有责任性和挑战性的职责。

设计给被问责者留有自由裁量权的问责程序是非常困难的。在英国国民健康保险数据的基础上，聚焦于两个问题是很重要的：

● 确保代表有充足的时间解决其他问题；

● 确保有措施可以激励他们建设性地使用那些时间。

在另外的代表有更多自由裁量权的背景下，这些问题即可成为深入研究的对象：在英国国民健康保险数据的基础上，能做到的最多是推断如果有效的地方责任与中央责任共存，可能会发生什么。

关于中央政府的职责有一个进一步的难题，即无论这个职责适当的程度是什么，好的授权都要求它是透明的。任何有关患者保健提供的特别决定，要么是中央政府的责任，要么是购买方的责任。当议会议员们要求部长承担责任，很明显，他们需要知道部长们做出了哪些决定，他们将哪些决定授权给了购买方。部长不能通过主张一个实际上是由他们自己做出的决定是授权后做出的，来逃避责任。英国国民健康保险数据显示，如其他"新公共管理"改革所称，政府会试图通过使用授权给地方机构的言辞，来规避他们对所提供的服务的真实影响程度和责任。

中央政府以一般的方式对英国国民健康保险负责。在本研究期间，英国国民健康保险在政治上是很敏感的。特定患者的经历，或者医院在特定病床方面的短缺，比如儿童重症监护病床或者更一般地，在冬季那几个月里的病床，都被媒体大量报道，以迫使政府承诺利用额外的资源和更多的管理力量来解决这些困难（比如，见 Brindle 1996；Kennedy 1996）。在本研究的后期，主要政党的普选活动也专注于英国国民健康保险问题，尤其是候诊名单或者候诊时间，以及管理成本的问题（Webster 1998）。政府还受制于对英国国民健康保险的议会问责这种正式程序，虽然这些程序存在一些很多文献已讨论过的弱点（比如，Oliver 1991）。

但是这个一般性的政治责任并不必然意味着，中央政府确实应就其对购买方造成的影响负责。购买方有着形式上的自由：法律和指南中没有限制合同规定的内容。围绕改革的言论强调决策权的授权和地方的自由裁量权（卫生部 1989b；NHSE 1994；另见 Hughes 1991）。此外，合同机制的使用给人一个印象，即当事人之间的责任安排是谈判的结果，与市场力量相关，然而，事实上，购买方的优先事项受到中央指导的严重影响，本研究也强调了这一影响的程度，即它是合同问责程序所涉问题的主要决定因素，尤其是对卫生机构而言。此外，有争议的是，这一指导被故意地隐瞒了，比如，虽然卫生机构的购买计划是公开并经过协商的，但是英国国民健康保险执行机构关键性的《优先事项和计划指南》（NHSE 1995b）并不能公开获得，也没有经过协商。这可能会产生一个表象，即一些购买计划中的全国性优先事项是由当地设定的。英国国民健康保险中，中央对购买方的影响程度可能会更加透明。①

小 结

在思考购买方责任时，有两个重要原则：

● 如果中央政府希望给予其代表一些自由，以解决他们认为适当的问题，那么他就必须保证代表们有时间和动力这样做。一个重要的提供动力的方法是，让代表们对其他利害关系人负责，虽然这会产生与对中央负责相冲突的难题。

---

① 同见朗利（Longley）的讨论（1990；1993）。

● 中央政府对其代表的影响程度，应当保持对政府及其代表的问责人透明，以保证政府及其代表可以解释其负责的决定和行为。

第九章将探讨这些原则与其他内部合同的相关性。

购买方和提供方的职责：调查结果

合同化讨论中的一个关键方面是，在英国国民健康保险和其他地方（比如，与行政机关有关的）都有的、经理可以在合同目标规定的框架内"自由地管理"他们的提供方小组。但如第三章所解释的，评论家对这一主张持谨慎态度。他们认为，购买方和提供方的职责是难以精确界定的，即使可以做出一些定义，购买方也会想要逾越分配给他们的职责。

英国国民健康保险指南只是单纯地重复了这一主张，并没有对实践中的运用给出任何明确的指示：

> 缔约过程将给医院……更多的自由，使得他们可以以其认为的最好的方式去管理服务的提供。（卫生机构）从服务管理者转向为服务购买者意味着，他们将专注于居民需要什么样的服务，而不再具体规定每一种服务的提供。（NHSME 1989：para.2.11，开始就强调）

购买方可能仍然会非常详细地描述其所要求的服务。并且在任何情况下，"是什么"和"怎么做"之间没有明确的区分：甚至一个简单的质量标准，比如候诊时间上的目标，都可能会关系到服务的本质或者服务的提供方式。这一问题也不可能用硬性或软性的模式来解决，在任何一种模式中，购买方都可能参与到具体的服务提供中，如第七章将要说明的那样，硬性模式的购买方通过在合同中商定非常具体明确的标准来参与；软性模式的购买方则会通过如下方式参与：持续地与提供方进行密切的、细节性的谈判，以决定他们合同中的一般性的标准。

数据显示，卫生机构和提供方在界定各自职责时的确遇到了问题，而这些问题绝不像文献所预测的那样宽泛。提供方相对于购买方的地位，可认为是等同于购买方相对于中央政府的地位：全部的服务都按照购买方的要求来规定。但购买方/提供方层面上的问题被称为"职责界定"，而非"授权"，具体原因在于实践中产生的问题是完全不同的。卫生行政机构的确为提供方设定了很长很复杂的合同，其中涉及有关财务、候诊时间、质量、报告等等问题的详细标准，但实践中，他们只执行了这些标准中的很小一部分。此外，卫生行政机构忽略了提供方许多其他领域的服务，比如，员工问题、临床素养，以及建筑物维修。虽然如果购买方仅仅关注中央的标准，他们仍能发挥其职能，但如果提供方只关注购买方提出的问题，那么他们将无法完成向患者提供服务的工作，因此，提供方不会抱怨说，他们没有足够的自由裁量权，或者购买方在试图"微管理"他们的运营。但是清楚的是，在特定的情形中，的确会产生有关适当界定当事人职责的纠纷。

提供方认为他们对一些问题应当有自由裁量权。一个信托公司的经理给出了一个相当明确的例子，以表明应当在何处划定界限：

> 他们非常自由地询问任何一个提供方……你将用什么级别的人来管理这个机构，因为这属于质量的一部分，不是吗，是所提供的服务的一部分……我们遇到过一些例子，其中他们想要过分地参与，并试图去确定哪一个员工或者哪个等级的员工应当提供一种特定的服务，我们只是礼貌地拒绝了他们，那不是你的事。你设定标准，我们来决定如何提供服务，并达到标准的要求。

卫生机构的经理同样同意，从原则上来说，应当对自由裁量权有所限制，虽然这里的例子更具争议性：

> 如果我们真的以卫生机构的身份说，你们对服务的预算

太高了，你们得减少预算，信托公司将会非常生气。他们会认为那是他们管理的问题。而我认为我们确实应该把这视为是他们管理的问题。

实践中的关键问题是，提供方如何理解卫生行政机构参与到服务提供的细节中来的动机。软性模式将密切的协商视为高度信任的标志：当事人齐心协力解决问题。但提供方通常将对细节的参与视为不信任的表现：卫生行政机构认为提供方的经理是失败的，因而并不信任他们能够改正。而这导致了提供方反感干涉，上面给出的有关员工的例子就是这样产生的。一旦发现了服务上的问题，卫生行政机构就会试图通过非比寻常的详细的合同来自己解决问题。

但有另一个文献没有谈到的问题。即提供方可能会反感相反的情形：卫生行政机构拒绝参与到服务提供的细节中。在本研究开始前，购买方和提供方被鼓励就财务问题进行合作性的协商。① 提供方应该在签订合同的截止日期前，将详细的成本信息告知购买方。但是卫生行政机构意识到，提供方将难以达到中央设定的这一严格的财务目标。如果机构详细地审查提供方的财务，他们就不得不承认提供方反抗目标的合理性。而这会减损机构要求提供方完成这些目标的能力。正如一位经理坦率地解释道：

> 当然，有时信托公司会说到点子上，如果这么简单，那为什么你们不告诉我们该怎么做？而我们会避免这一点。

并不令人惊奇的是提供方很反感这种行为。他们觉得购买方以提供方自治的概念为借口，得以在出现难以解决的问题时抛弃他们。

相反的是，研究并没有发现任何有关基金持有者和提供方之间职责界定的问题。这个调查结果显示了基金持有者和卫生机构

---

① 未公布的《地方办公室指南》。

之间两点重要的区别。首先，基金持有者倾向于在合同中设定少量的高优先度的标准。当然，对细节的参与并不只是关涉设定的标准数量，但基金持有者并没有试图起草如卫生机构一样的相对概括的合同这一事实，就大大降低了产生有关职责定义的纠纷的可能性。此外，提供方承认，比如候诊时间和沟通等问题，特别是家庭医生优先这一问题，确实属于购买方担忧的合理范围。其次，提供方和基金持有者之间没有先前的管理关系，如第二章所解释的那样，1990 年之前，提供方直接受到卫生行政机构的管理，这意味着他们希望保卫自己新建立的独立性，以防止他们所认为的来自卫生机构的干涉。

对自由裁量权进行概括是不可能的，因为无论一个合同规定得多么详细（卫生行政机构的合同，虽然数量庞大，但仍可以进行更为详细的规定），提供方都必然会对一些没有提到的问题以及合同条款的解释有裁量权。尽管如此，在一些具体的情形中，提供方的确感觉到卫生行政机构滥用了他们职责的灵活性：当他们认为自己有更好的管理技能时就会进行干涉，当他们知道自己不能解决某个难题时就会退缩。

购买方和提供方的职责：评估

数据中提出的有关职责的定义问题是难以解决的。提供方会因购买方干预或不干预而对其进行批评。数据中没有直接显示提供方在特定情况下会采取何种态度，因为购买方对服务提供的干预问题，并不像中央对购买方的控制那么严重，上文讨论的有关授权原则的问题并不能简单地转移到这里。因而在职责定义的问题上，必须发展出新的原则。

在职责分离的问题上，中央指导会部分地归因于职责定义的问题。通过承诺提供方享有运营自由，使得人们相信了一个想法，即当事人是客观上相互分离的"购买方"和"提供方"。但是，硬性和软性模式在这一问题上的沉默意味着，每个合同中都要就职责问题进行协商。硬性模式的购买方可能会选择在合同中设定具体的标准：这会导致合同协商和监督的细节化。不过，参与的程度都取决于提供方的同意。软性模式的购买方可能会选择通过与提供方进行持续性的、合作性的协商来设定详细的标准，并对合同中的一般标准进行精细化处理，这种情形发生的程度也取决于提供方的同意。

　　这意味着这一领域的关键原则是：协商和一致性。当事人应当努力就其职责的定义达成一致，并在这一定义内一致性地活动，以避免彼此预期的破灭。对于解决购买方过多干预的问题来说，协商的帮助尤其大。如同上文提到有关员工的例子一样，在提供方觉得购买方设定的标准干预了他们合理的自治范围时，他们可以拒绝这些标准。

　　在数据所显示的两个问题上，一致性的价值都应作为双方当事人在该问题上的行为指导。如果购买方习惯性地采纳"不干涉"的方法，他应当继续这样做，即使他觉得提供方不能很好地应对一些特定的情形（除非因提供方违约而必须做出的履行行为）。如果提供方平常是欢迎购买方参与解决问题的，那么在特定情形中，他应当扪心自问拒绝购买方的参与是否合适。而通常情况下，购买方喜欢参与一些特别的情形，而非全面参与提供方的管理，因此购买方可以做一些退让，以免失去所有管理上的控制。此外，数据显示，干预不受欢迎的问题与之前卫生行政机构与提供方之间的管理关系有关。可能随着时间推移，提供方会发现，他们应该轻松对待这个问题，比如，对于改革之前就已经在那里工作的员工来说，提供方可能不会强烈地认为需要强调他们独立于卫生行政机构。当提供方想要与卫生行政机构合作，却很难说服他们时，就可以运用一致性原则。如果卫生行政机构通常都采取合作的方法，那么这一原则表明机构应进行合作。有时机构可能会拒绝帮助提供方解决棘手的问题以获得短期利益，但一致性原则更倾向于：为了避免在职责问题上的纠纷并维持长期的友好关系，机构应当避免追求这种获益。

　　一致性是公法中为人所熟知的原则：信赖利益保护原则试图（尽管有资质和例外）迫使公共机构遵守他们公开的政策，除非他们有合理的理由改变政策，并在适用新政策之前进行了适当的协商（一般见 Craig 1999：611-50）。当然，一致性行为的理念是购买方和提供方的指导方针，而非硬性规则：可能难以确定一方当事人"通常"解决问题的方法，或者特定情形下其行为是否偏离了这种方法，但是它至少为购买方和提供方就职责界定进行具体协商奠定了基础。

　　围绕合同化的言论认为，提供方是自治的，但需要对在组织上独立于它的购买方负责。但是合同关系也不能为存在多年的责任和裁量权问题给出一个神奇的解决办法。研究并没有发现英国国民健康保险中存在高度干涉主义的购买策略。尽管如此，当事人要对其职责进行协商是很关键的，而为了避免破坏性的纠纷，他们都需要有一定的忍耐度。

提供方的责任：调查结果

　　除了调查中的特定合同外，有两种适用于提供方的问责程序。首先，提供方通常与数个其他英国国民健康保险购买方有合同上的问责关系。大多数提供方都将其服务卖给当地的卫生机构和临近的机构，以及很多费用负责制诊所。其次，提供方受制于一系列的非合同问责程序。这包括通过投诉程序而直接对患者负责，临床医生对其专业组织负责，对违反健康安全标准的行为和医疗过失负法律责任，等等。

　　在这个领域中，购买方受到指南两个方面的引导。首先，政府早期的有关缔约的文件详细地描述了卫生机构和提供方之间的协商程序，但是政府也承认，若每个合同都采用这种方法将会产生很高的交易成本。因此，指南建议卫生机构应当仅与其本地的提供方进行详细的协商。当与邻近地区的提供方缔约时，他们应当尽可能地使用其与当地卫生机构（他们的"当地购买方"）① 协商的条款（NHSME1990）。其次，同一指南中还建议，如果存在其他问责机制的话，购买方应当对其进行监督（NHSME1990）。因此，如果提供方有医疗审计系统，那么购买方就应该在合同条款中要求其报告结果，而非试图在合同中规定相同的内容。

因此有人预期，为了节约交易成本，卫生行政机构会做出努力使得其行为具有一致性，以避免重复其他问责机制。卫生行政机构与提供方有着非常相似的实质性优先事项这一事实，加强了他们对合作的预期，因为他们都深深地受到中央政府的影响，这也使他们没有理由去试图突出自己。而预测基金持有者的行为则更难。上文引用的最初的指南主要是指向卫生行政机构的。费用负责制是这样被描述的，即是一项给予私人诊所更多的灵活性，使得患者更容易更换家庭医生的改革，而这意味着诊所之间的一些竞争是人为设计的（卫生部 1989b）。此外，如上文证实的，基金持有者也的确会追求自己的优先事项，虽然这些优先事项有所重叠，但并非完全一样。

合同问责机制

实际上，本研究发现两种类型的购买方都会常规性地依赖于其他购买方，或者与其他购买方合作。有趣的是，他们这样做的主要原因，并非任何有关协同努力或者避免因不断重复而浪费的具体担忧，相反，它反映了购买方更为基本的需求，即节约自己的时间和资源。

卫生行政机构使用了政府指南中规定的"当地购买方"的方法。实际上，他们没有什么选择：提供方将其看作是管理缔约程序的关键工具，而且一般会拒绝与非本地卫生机构进行单独的协商。样本中的 A 机构和 B 机构十分欢迎节约时间的机会。

---

① 指南使用了"主要客户"而非"当地购买方"，但是后者是访谈中受访者通常使用的表达。

C机构却并不如此：它处于城市中，这意味着相比较于其他两个机构而言，它运用了更高比例的预算与临近的提供方签订合同。[①] 在不能与提供方协商细节的问题上，合同签订者表达了一些挫折感。机构对邻近地区的合同文本的依赖是被动的：他们并没有试图去影响合同的内容或者检查合同所受的监督。因此，"当地机构"很少承认他们的职责包括代表其他购买方与提供方进行协商。

基金持有者比预期更高程度地协调着其负责的服务。费用负责制团体在三个地区都存在，他们集合了该地区大多数的费用负责制诊所，如果不是全部的话。样本中发展程度最高的团体在A地区，该团体委任了一个代表团，与当地每一个主要提供方合作，这些代表对基本的合同文件进行协商，包括质量标准和价款。其后，私人诊所可以在交易中协商适合于自己的服务水平（以及任何特殊要求），或者在提供方允许时，在团体安排之外，就自己的合同进行协商。在合同履行期间，代表们定期地与提供方会面，并监督整体的服务水平，探讨实践中出现的问题，比如违反质量标准。这些安排并不总是能顺利地进行：在一些问题上，诊所通常都不能达成一致，比如建议的涨价幅度是否太大。但是大多数诊所仍基于两个理由继续参加这个团体。首先，它节约时间，让工作压力巨大的基金经理们能够专注于他们自己实践中的担忧。其次，它显著地提高了诊所的谈判权：提供方可以忽略来自一两个诊所的威胁，但不能忽略三十个行动一致的诊所。[②]

尽管如此，最初预期的改革所倡导的个人主义市场的言论，可能会限制基金持有者的合作，也为其他地区的数据所证实。B、C地区的团体较为不正式，并只在非常特定的情况下才参与协商活动（比如，当需要数据支持以质疑提供方提价过高时）。虽然购买方在一些地区（以及中央（NHSE 1994））已经开始意识到，合

---

① 粗略地说，C机构最大的郡外合同占其主要当地急性病服务合同的20%，而B机构最大的郡外合同仅占其主要合同的2%。

② 同见第八章。

作是有优势的，购买方对问题的评论倾向于具有"自认"的因素：
有人担心合作可能被看做是软弱的象征，而非对资源的理性运用。
正如一位基金经理所说：

> 我们（对服务和财务）做了很多工作，在某种程度上是
> 有价值的。因为质量问题，我们需要在患者权利宪章的报告
> 中（向卫生机构）做出声明①……所以在很大程度上是我们有
> 点懒，我们让他们那样做。

购买方想要节省时间，但他们不认为在英国国民健康保险中，
在追求与其他合同问责机制合作的明确目标时，可以将这一点正
当化。

非合同问责机制

制约提供方的许多非合同问责机制，都涉及他们提供给患者
的医护服务质量问题：行业自治，投诉程序，医疗过失，以及内
部审计。近期，政府着手解决已发现的这些机制的不足②，不过，
在本研究期间，这些机制尚未受到很多批评。它们提供了一个有
用的平台，用于测试在出现其他适用于提供方的问责机制时购买
方的反应。

卫生机构和基金持有者都没有在合同中系统地解决医护服务
质量的问题。针对日益恶化的财务情况，两种类型的购买方都做
了一些努力，通过减少购买一些特别的、有效性备受质疑的医疗
服务来省钱，比如拔掉没有症状的智齿。在提供方自己的问责程
序中，卫生行政机构还运用了"寄生"的标准，要求提供方建立
投诉程序和医疗审计系统，并定期地对其结果进行报告（NH-
SME1990）。但是合同质量计划并不包括有关结果甚或医疗服务程
序的标准。

---

① 见 NHSE（1998）。
② 这些提议开始于卫生部（1997），并在 1999 年《卫生法》中完成，见本书第
二章以及 Davis（2000）。

对这一遗漏有多种解释。一个是，医疗标准问题不属于中央政府的优先事项，所以购买方没有实际的动力来解决它们。购买方也确实缺乏必要的专业知识：家庭医生和卫生行政机构的公共健康部门都没有能力在高度专业的临床实践领域设定标准。购买方对临床事务的任何干预在政治上都有争议，因为它会对医疗行业的自我规制权产生威胁（Allsop and Mulcahy 1996）。但是合同中缺乏临床标准的主要解释似乎是：购买方认为它们是不必要的。这反映出一个事实，即存在针对这些标准的其他问责机制。甚至样本中言语最果断的基金持有者也认为其职责主要限于非临床质量方面：

> 我认为我们应当运用购买权来保证质量的提高，人们得到更好的治疗，但不是临床治疗；我客观地认为任何地方的质量都是不错的，但是我们应当让人们在整个系统中得到越来越好的治疗。

但是购买方对其他问责机制的依赖采用了一种相对被动的形式。基金持有者并没有以任何方式对其进行评估或审查其结果。卫生机构想要通过他们的"寄生"标准来这样做，不过，没有明确的证据显示他们在会议或协商中对提供方的报告有所行动。购买方倾向于简单地认为其他问责程序正在有效地运行。

提供方的责任：评估

对于合同而言，它与其他问责机制的互动问题尤为重要，因为合同可以包括任何由当事人同意的条款，它们为其他问责机制的重复或加强提供了很大空间。关于加强有很多不同的方法：

● 提供方可能需要补偿因其不能遵守其他问责程序给购买方造成的损失（英国国民健康保险合同中要求提供方遵守一般法律的标准，似乎适合这一模式）；

● 购买方可能在他自己的问责程序中利用其他问责程序的结

果（比如，在投诉程序中获得的信息的基础上为提供方设定新的质量标准）；

● 购买方可能通过合同积极地加强其他问责机制（当"合同履行"政策被用来执行反歧视法时就会发生）。

重复仅涉及忽视其他问责机制的存在，并运用合同设定一个有相似目标的程序。

多于一个合同问责机制的存在，尤其是当各购买方同属于一个机构时，就会再增加一层复杂性。这种情况下，购买方可以简单地"重复"，即制定自己的合同问责程序，而忽视其他的存在。或者他们可以采用团体或者代理的方法。一个购买方团体可以将他们个人的问责程序"放在一起"，并合作以实现同样的目标。按照代理的做法，可以选一个购买方来代表其他购买方。如果委托人持续密切地监督代理人，代理的方法可能就会变为团体的方法。

公法有两个有助于规制不同形式合同履行的基本原则。一个是，"目的不适当"：如第一章所解释的，这已被用来规制地方机构为社会目的而使用合同的情形。① 一个细致入微的为合同而设的公法规制框架，能够规定一系列可以通过合同来实现的合理目标。"目的不适当"可以用来防止购买方不当地使用合同。有关这方面的内容属于复杂的政治问题，不在本书研究的范围内。这里的讨论将建立在第二个公法原则之上："相关性"。它提供了一种方法，以控制公共主体在作出决定前所考虑的因素，也能使购买方在特定交易中履行合同前，对合同履行进行成本—收益分析。本节的余下部分就将探讨成本—收益分析的因素。

第一个影响购买方决定是重复还是加强特定机制的因素，必然是该机制的相对效力和购买方的合同。如果购买方认为在医院中由专业代理人执行卫生安全标准就足够了，那么通过合同设定卫生健康标准将不会有什么成效。但是如果购买方发现医院中对反歧视法的执行很弱，那么可能就需要购买方在合同中规定一些

① R v. Lewisham LBC, ex p. Shell, 1988 1 All ER 938.

条款，以要求提供方调查该问题并遵守法律，这样的条款可以提供一种不依赖于个人起诉而执行法律的方法。但购买方对自己合同的效力及其他机制进行诚实的评估也是很重要的。第八章将会证明，许多英国国民健康保险的购买方在谈判地位上较弱，难以要求提供方履行合同，而这明显地限制了用合同去有效地强化其他机制。购买方自己的专业知识也与此相关：即使在本研究期间发现了临床问责机制较弱，但购买方是否有相关知识来设定临床结果的具体标准尚不明确。

对相对效力的担忧，还对购买方决定是否加入团体或者是否委托代理有重要的意义。在英国国民健康保险中，很明显可以看出，基金持有者一起行动就能显著提高他们的谈判地位。提供方可以拒绝或者忽略一个诊所的要求，但 30 到 40 个诊所的要求就需要认真对待了。代理的方法似乎不能对谈判地位产生这样的影响，部分缘于当地的购买方很少表明自己是代理人，部分缘于对于当地主要的提供方而言，购买方已经有足够的购买力了。如果当地的购买方能够允许他们的委托人更密切地参与其活动，那么他们的地位可能会有所提高。

但是代理和团体的方法也可能带来问题。一个是专业知识：代理或者团体谈判组可能缺少使问责程序有效的必要知识。尤其是一些卫生机构可能质疑他们相邻机构的能力，但是因为他们受制于当地购买方系统而不得不依赖这些购买方。所以应当要求代理人或者代表人满足一些能力上的最低标准。

团体或代表可能存在的另一劣势是，他们削弱了参与者解决特殊事项的能力。英国国民健康保险中的团体或代理方法，的确为一些需要单独解决的问题留下了一定的协商空间，比如服务提供的水平。但是这些团体或代表倾向于让购买方同意一组"最低限度的共同主导"问题。这种趋向于一致的压力被提供方强化了，他们能够从协作的方法中获益，因为它省时间，而且很多人担心如果不严格执行这种方法，它就可能会被破坏。因此，比如，即使购买方基于财务原因而偏好更长或更短的时间，一些提供方也会拒绝提供可变的治疗时间。因而，在加入团体之前，购买方要问自己的一个关键问题是，他们自己的责任要求与团体中其他成员的责任要求重叠的程度。重叠部分越少，购买方就越可能会失去解决自己特殊问题的机会。

进一步需要加入公式中的因素就是交易成本。重复或者加强合同或其他的问责程序，代表着失去了依赖其他程序来降低交易成本的机会。对于重复来说尤其如此，它应当被视为加强的方法失败时所采用的最后方法。比如，购买方可能通过要求提供方在法定检查时表现良好，以加强卫生安全法。购买方应当只在这一加强的策略不成功时，才进行重复，即设定自己的标准和视察计划。

代理的方法使委托人得以通过代理人而节省时间和资源。当然，代理人并不会节省，但英国国民健康保险是通过如下方法来解决这一问题的，即选择与特定提供方签订最高价值合同的购买方作为代理人。如此一来，该购买方就有足够的理由投入大量的时间。团体的方法也可以实现相同的节省。团体必然需要通过开会来就其谈判策略达成一致，并需要额外的工作来选择代表团体的人，但是大多数成员不需要参与细节性的谈判。此外，代理和团体的方法都能够为提供方极大地降低交易成本。与一个费用负责制团体进行谈判显然要比与 30 个单独的基金经理谈判更快速，与一个卫生机构谈判显然比与三四个卫生机构谈判更快速。

当面对适用于提供方的其他问责程序时，购买方需要审查几个问题：

- 其他问责程序是否在有效运行？
- 如果不是，能否用合同来加强或者代替它？
- 与其他购买方组成团体是否能增强谈判权？
- 团体的方法是否会不当地阻碍购买方解决特殊问题？
- 重复或加强所产生的交易成本是否合理？

英国国民健康保险的购买方常常受到这类问题的影响，却很少具体地考虑它们，很少将其视为好的合同问责程序设计中的关键因素。第八章将讨论执行英国国民健康保险合同的困难，这个问题在英国国民健康保险中令人十分担忧。在大多数的英国国民健康保险中竞争都是很弱的，提供方没有受到很强的遵守合同的市场压力，因而执行成为一个很浪费时间的活动。解决这一问题的关键策略是，节约购买方的资源，提高他们的谈判力。但是，大多数情形中，购买方没有理性地分析这些问题。

总 结

在适用于合同当事人的其他问责机制的背景下，观察合同问责机制是很重要的。本章在讨论购买方责任时，提出了发展两项重要原则来指导对购买方和其他人的授权：

● 如果中央政府希望给予其代表一些自由，以解决他们认为适当的问题，那么他就必须保证代表们有时间和动力这样做。一个重要的提供动力的方法是，让代表们对其他利害关系人负责，虽然这会产生与对中央的负责相冲突的难题。

● 中央政府对其代表的影响程度，应当保持对政府及其代表的问责人的透明，以保证政府及其代表可以解释其负责的决定和行为。

在考虑界定购买方和提供方的职责时，当事人应当受到一个事实的指引，即对购买方和提供方的职责做出一个客观的界定是不可能的。他们应当关注对职责进行协商，并保证行为的一致性。这将有助于解决数据所显示的选择性干预的问题。

对提供方责任的讨论提出了有关与其他问责机制互动的原则。当面对适用于提供方的其他问责程序时，购买方应当在以下问题的基础上，参与到对其适当职责进行明确评估的过程中：

● 其他问责程序是否在有效运行？

● 如果不是，能否用合同来加强或者代替它？

● 与其他购买方组成团体是否能增强谈判权？

● 团体的方法是否会不当地阻碍购买方解决特殊问题？

● 重复或加强所产生的交易成本是否合理？

本章解决了一些复杂的难题：授权，透明度，"合同履行"，职责界定。至少在英国国民健康保险中，对这些问题进行更为公开、具体的讨论是一个迫切的需求。本章提出的原则即使不能为缔约双方所面临的各种问题提供最后的解决办法，但至少能用来作为争论的指导。第九章将会探讨这些原则适用于其他类型的内部合同的可能性。

第七章

前进：问责关系和程序公正

为什么要研究问责关系？首先，可以简单假设的是，"问责"必然意味着攻击性的质问和制裁。但现实可能更为复杂，因为有很多规制机构，涉及大量劝诫策略的使用。问责关系和形成这些关系的诸因素，确保它们能够凭本身的条件进行调查。其次，详细了解这一关系对于决定如何规制它们是很重要的。公职律师通常通过程序公正问题论及这一关系，但是这个概念需要进行修改以适应它所适用的关系。对关系特点的错误假设可能会导致不当的程序规则。

本章的第一部分，运用（并发展）了第五章介绍的模式，讨论了英国国民健康保险中的合同问责关系，那些模式反映了当事人之间不同的信任程度（软性模式具有高信任度；硬性模式具有低信任度），因而意味着采用非常不同的方法去应对问责任务：

硬性模式：

● 对抗性协商；全面具体的标准；

● 进行严格监督；

● 通过制裁，尤其是退出，来执行。

软性模式：

● 合作协商，宽泛性、综合性的标准；

● 通过共享信息和信任提供方履行义务来进行监督；

● 通过劝诫等软制度来履行。

有人认为英国国民健康保险适合软性模式。第五章也描述了多种因素，明确了文献中提出的软性模式的指标，而这些指标似乎也存在于英国国民健康保险中，比如长期的关系。但是这一观点有一些注意事项，比如中央政府的规制可能会影响当事人的关系，不论他们自己的偏好如何。但是即使考虑到这些注意事项，本研究的调查结果仍然与这一观点大相径庭。大体上来说，基金持有者都采用了相似的、硬性的方法来协商和起草合同，但是在合同履行阶段却开始从硬性模式转移到了软性模式。卫生机构甚至在同一合同中也倾向于采用复合的方法，即同时使用硬性和软性的标准及谈判风格。但是为描述其执行策略，就需要发展出一个"中间"模式。①

本章的第二部分讨论了规制合同问责关系的问题。② 首先，本书认为虽然有一些理论上的困难，但为人所熟知的正当程序这一公法概念，应当适用于此关系。其次，探讨了将正当程序规则适用于合同问责关系的方法。这些规则必须经过修改以适应合同化的背景，且硬性和软性模式意味着不同类型的合同。

购买方采取了哪种模式，为什么？

研究发现将合同问责程序各个部分组织起来是很容易的：标准设定，合同起草，以及执行。③ 各组成部分之间也会有一些相互参照：在一个部分上使用特定的模式，可以对其他部分有所暗示。

标准设定

协商是合同问责程序中最主要的设定标准的平台。④ 在当事人对合同的实质条款达成一致时，标准就直接地被设定了，同时也为提供方创设了义务。当当事人就合同价款达成一致时，标准就被间接地设定了。虽然支付价款是购买方的义务，但它也是提供

---

① 文献中有一些三分法：Macneil (1978)；Williamson (1979)。
② 有效性也是一个关键的考量：一种模式可能被证明比另一种模式更有效。第八章将探讨这个问题。
③ 这里没有讨论监督的问题，因为监督受到实践因素的影响，比如，购买方对数据的接触，以及他的现有资源，而非受到其与提供方之间关系的影响。
④ 标准设定还可能发生在监督和执行阶段，其中标准得到了解释并适用于具体情形。

方的财务目标，而且协商程序迫使提供方解释和正当化其财务绩效。软性模式的协商可以预见的是当事人会共享信息并合作，以确保最终的协议会考虑到双方的利益。硬性模式中的每一方都在协商中追求自己的利益，所以会尽可能少地共享信息，并试图获得自己能得到的最好的交易，而不考虑其行为对相对方的影响。

卫生行政机构

不同机构采用的协商标准的方法各不相同。B 机构在与其主要提供方协商质量标准时使用了硬性模式，经理没有咨询提供方就起草了标准，并坚持要求他们同意。虽然提供方对一些标准的内容有异议，但还是签了合同，因为不值得为一个优先度低[①]的质量问题引起纠纷。C 机构采用了软性模式，其工作人员起草了建议稿，并广泛咨询了提供方，最后达成一个最终的说明。

似乎有两个因素影响着机构的方法选择。第一个因素是，各机构对其职责有不同的理解。B 机构的经理将质量标准视为机构的事：与提供方合作将会限制机构设定自己条款的自由。C 机构的经理很重视提供方的投入：提供方的评价保证了标准的可行性，并且会增加履行的可能性。第二个因素是，缔约双方的质量经理之间的关系。私人关系是软性模式的重要特征：一旦建立了友谊关系，双方就更可能在专业水平上进行合作（Macneil 1974）。[②] B 机构的经理明显因为个人原因，与其信托公司的工作人员没有很好的工作关系，而 C 机构的双方则有好的关系。

当机构在协商中央要求时，情形就完全不同了，硬性策略是他们通常使用的规则。因而，对于候诊时间和其他患者权利宪章的要求，机构仅是单纯地要求这些标准要加入合同：提供方没有选择。相似的情况出现在协商价款时，机构需要该合同交易达成

---

① 见第六章。
② 相似的实证发现，见 Flynn 等（1996）和 Lapsley and Lelwellyn（1997）。

这样一个目标，即既能让他们维持有限的预算，同时也能完成其他中央目标。① 价款的协商尤其证明了，中央的要求是如何有力地将当事人推向硬性模式。

典型的价格协商方法是从各方当事人计算自己偏好的价格开始的。提供方给出的价格会包括项目的成本，购买方的价格需要维持其预算。当事人会进行谈判，直到在这两个数字之间达成妥协。② 这个过程是非常困难的：各方都追逐自己的利益，希望能使合同价款接近自己的数字。在本研究进行时，英国国民健康保险的执行机构已经出台了政策，鼓励缔约方共享信息并更多地进行合作性的协商。③ 但是，这一更软性方法的尝试失败了。

其中一个困难是，购买方和提供方不愿按照要求的程度来进行合作。如第六章所解释的，有时提供方会试图保卫他们新建立的不受卫生机构"干预"的自由；有时卫生机构不愿卷入复杂的资金问题。第二个困难是，不可能防止硬性的因素影响价格协商。在真正的软性方法中，当事人有一个共同的目标，就是达成一项为提供方的工作给付公平酬劳的交易（Sako 1992）。英国国民健康保险合同中的软性协商不能掩饰一个事实，就是虽然提供方寻求的是酬劳（公平的或其他），但购买方的目的是降低价格以完成中央的目标。基于这一原因，购买方不得不忽视提供方完全合理的理由，即某个合同价款不能覆盖其成本。如此，机构就回到了硬性方法。

购买方/提供方的关系受到这些困难的破坏，即使购买方自己不是目标的来由。④ 以下来自一位信托公司经理的评论很具典

---

① 著名的就是"效率收益"，这是财政部的要求，即要求从整体上说，英国国民健康保险应当在与去年持平的开销内提供更多的服务，或者提供同样的服务但花费更少的钱。数字大约在 2%。

② 在当事人不能达成一致时，仲裁是一种可能的解决办法：见第二章。

③ 未公开的地方办公室指南。

④ 机构的确有一部分责任，因为他们可以通过对其他信托公司施加更高的效率要求，从而降低其对特定信托公司的效率要求。不同机构的差别是很有限的，不过，很明显的是，这个方法也有自身的问题。

型性：

> 我认为就服务提供和彼此交流而言，我们总体上与他们维持着良好的关系，但是他们基本上每年都想给我们更少的钱，却要求我们做更多的工作，你可以想象，到最后维持这种关系并不容易。

让信托公司将其与卫生机构协商中的属于中央决定的那些方面，与其一般的关系相区分，似乎是不可能的。这反映出了，中央的要求对卫生机构与其提供方之间的合同问责程序的控制程度。而希冀卫生机构的合同可以适用软性模式在很大程度上被证明是错误的。

基金持有者

基金持有者的标准设定倾向于遵循硬性方法。在其价格协商中，有两个关键性的因素：价格比较和"交易"①。价格比较从本质上来说是硬性的：基金持有者会将当年的价格，与上一年度的价格进行对比，如果数据显示出"过分的"上升的话，他们就会要求降低价格。一般情况下，他们会采用"成本数量"合同，他们会就共同承认的服务水平来支付合同价款。如果超过了这个水平，提供方会按边际利率提供一些服务，这个折扣反映出一个事实，即提供方可以在不产生更多固定成本的情况下做一定数量的额外工作。一个"好的交易"具有如下特征，既能提供便宜的边际利率，又能以以下方式设定共同承认的服务水平，即诊所能以一定的折扣提供超过该水平的服务。

对基金持有者而言，获得好的交易的过程是最困难的。基金经理通过购买少于实际需求量的服务这样狡猾的手段来保住交易。一位基金持有者承认：

> 你安排110％的合同与你预期的90％服务相一致，那么

---

① 此处这个术语不是指 Walsh 等（1997：100）所说的"一次性"提议。

你预期的 90% 的服务会占 110%，那么你就希望能以边际利率得到 10% 的预期服务。

当然，随着时间的推移，提供方会收紧交易：他们能够辨别一个诊所没有购买足够的服务，并要求他们达到更现实的服务水平。尽管如此，基金经理认为尽可能得到最好的交易是他们的职责所在，即使这样的交易是不可能重复的。他们完全不会理会这样的合同对提供方的影响。

为什么诊所会采纳这种硬性的方法？其中一个原因是，它相对比较容易：大多数基金经理认为他们能够预测自己为获得交易而可能采取的行为。但是这也的确反映出低信任度。在基金经理看来，那些被描述为具有专业谈判知识的提供方，能够保障自己的利益。此外，许多例子都表明，由于提供方会错误估价或试图增加不合理的费用，基金持有者会降低对他们的信任。

在协商实质性标准时，基金持有者的方法（通常以团队进行）也是硬性的。① 其策略是要求履行，并以退出的威胁或其他制裁来强化这一要求。A 地区的一位社区信托公司经理详述了其与当地家庭医生的一次对抗性的会议：

> 那个家庭医生……走进来，坐下，说，好，除非你能在明年 4 月完成（一个特别的管理结构）社区看护，否则我们会批量性地从别人那儿购买。

团体方法的事实可以反映出一个观念，即购买方不会回应个人的要求，因此提供方是很顽强的。并不令人惊讶的是，这种低信任度的观点推进了团体的谈判团队进行谈判的方法。虽然硬性模式破坏了与购买方的关系，但诊所仍会继续使用这一模式，因为它有很好的效果，第八章将会解释这一点。

总的来说，基金持有者和卫生行政机构都使用硬性的谈判策略，只是原因各异。卫生行政机构是因为只有这样做才能实施中

---

① 私人诊所在进行价格标准协商时，有时会使用软性模式。

央的标准，所以他们不会顾及提供方的愿望。基金持有者采纳硬性方法部分出于实践的原因，部分是由于低信任度。一个真正重要的问题是，硬性模式得以盛行的原因是：当事人相悖的短期利益，较低的信任水平。

合同的起草

不同类型的协商和不同的关系，会导致依不同模式而产生的不同合同文本。[①] 软性合同的标准宽泛，因而在合同的履行期需要细化，而由于当事人彼此信任，他们都乐意留一些事务将来再协商。硬性合同依赖于正式的标准，尤其是那些很容易被衡量的标准——信任水平低，所以当事人热衷于明确他们的权利和责任。原则上，因为不同模式传达出来的信任水平不同，所以不应该在同一合同中出现两种模式的结合。

卫生行政机构

有趣的是，卫生行政机构通过选择适合特定标准的主题风格，便结合了硬性和软性的起草风格。在财务和服务方面，其偏好是制定尽可能明确的标准。一位经理解释道：

> 我们第一年的合同非常模糊，第二年的稍微好一些，第三年又像第一年一样，而这让我们很紧张……当然，它们一年比一年精炼，但却不会变得更简单。在财务和服务方面，它们也越来越复杂。

总的趋势是，使用比如成本数量合同这样的越来越复杂的合同，来代替改革的前几年所使用的简单的一揽子合同。[②] 此外，很多合同中都有大量的有关意外事件的计划。当使用成本数量合同时，有人认为合同生效前很重要的一件事是，确定额外款项或退

---

①　其他因素，比如合同试图达到的综合性的程度，也可以用来指示一种或其他模式。篇幅有限，不能展开讨论这些因素。

②　见 NHSME（1990）中有关合同类型的进一步讨论。

款的边际利率。一位经理说：

> 应在开始之前对这些事情达成一致……而不是到年末再去确认是过多履行还是过少履行，因为，很显然的是无论谁在财务上获益，他都会以自己所处的地位来争取更高或更低的利率。

从一个层面上看，对这些发现的解释必然是，它们反映了当事人之间的低信任度。购买方不断地提高精确度，以阻止提供方追求自身利益。然而，从另一个层面上看，可能会有一个更为微妙的解释，即具体的权利和责任可以给予当事人安全感，他们从而更可能建立相互信任的关系。这可以通过确保各方当事人的立场都明确纳入合同来实现。英国国民健康保险中，在困难和有关财务的重要问题方面，要依赖于协商就需要观点上的跳跃。当然，如果合同变得越来越具体，也可以合理地将其视为信任度日益降低的标志。然而，在本研究进行时，就合同的明确度而言，很多卫生行政机构的合同都已经达到了双方当事人都满意的水平。此外，数据中并没有真正地表明，随着合同变得日益复杂，信任度就有所降低。因此，合同中精细化的财务标准和低信任水平之间并没有直接联系。

在财务领域之外，卫生行政机构使用了硬性和软性的合同标准。当对标准的对象进行具体的说明时，硬性模式就得到了应用。比如，在信托公司提供服务的数据和质量报告方面，卫生行政机构设定了非常明确的目标，并要求他们在每月的某个具体工作日之前提供，而没有使用像"及时地"这样的模糊术语。使用硬性模式至少能够通过减少解释可能产生的争议，来保障甚至建立当事人之间的信任。

但是各种类型的软性标准也得到了运用。宽泛的一般性条款即为其中的一种，在该条款下提供方可以在不同程度上履行，而要将该条款适用于特定情形，就需要进行进一步的协商。C机构的一个合同就含有这样的条款：

> 信托公司必须保证他们提供的所有服务都聚焦于患者……
> 他们应当有固定的机制去收集和评估患者回馈的信息，并且，
> 他们应当保证患者的意见可以对其机制起作用。

另一种类型是，在合同的有效期内，双方当事人都要就一个特定的问题进行协商。A 机构的一个合同就包含这样的条款：

> 1996 年至 1997 年，信托公司将与卫生机构合作，以继续推行改变分娩①的政策，并特别地共同同意和施行一个持续性的项目，即支持和推广母乳喂养。

两种类型的标准都承认当事人之间的长期关系：不是所有事项都需要在合同签订之前确定。② 这些标准也反映出对复杂的质量问题设定具体的合同标准是很困难的。而更简单的方法是在合同中确定一个一般性的原则，并在讨论中解决其应用的问题。

虽然所有样本中卫生行政机构的合同都有软性的质量条款，但并非所有的机构都能吹嘘自己与提供方之间的关系。这使他们难以得到软性模式的好处。比如，一个信托公司曾被要求提高对褥疮的管理：

> 我们说"你想让我们做什么？""嗯，就给我们发一个六个月的报告。""那你们是不是想要我们在报告中加上什么特别的内容？""嗯，不是的，只需要告诉我们你们在做什么就行。"

虽然信托公司乐于享有裁量权，但经理们认为卫生机构并没有认真对待这个问题：它选择了软性方法以避免对出现的问题做任何精细化的工作。因此，信托公司并不觉得有动力去遵守合同。相反，软性模式在 C 地区效果很好。卫生机构与提供方会定期地

---

① 卫生部（1993）。

② 真正的软性模式关系可能是，讨论是持续进行的，但并没有正式地达成协议。但英国国民健康保险中的合同协商和合同履行之间有着明确的区别，因为根据英国国民健康保险执行机构的要求，当事人需要在每年的特定日期之前签署合同，并且因为每年的预算都确定了一个具体的时间点，到时间财务就必然会变化。

进行讨论，以确保双方都满意标准的实施方式。

基金持有者

家庭医生起草合同的方法也与硬性模式相吻合。与在卫生行政机构那里发现的结果一样，其合同种类逐步变得复杂，并涉及服务的测评。基金持有者的质量标准也同样以硬性方式进行起草。从某种程度上说，这强化了上文提到的观点，即对于标准的起草来说，标准适用的对象是很重要的。由于基金持有者非常关注候诊时间和及时沟通等问题，而这些问题也确实很容易通过数字性的条款具体地规定，所以有关这些问题的标准都起草得非常具体，而不考虑他们之间协商或执行这些标准的方式是硬性还是软性的。

尽管如此，相比较于卫生机构而言，在基金持有者这里有更多的证据支持一个观点，即硬性标准的确意味着当事人之间缺乏信任。许多这种类型的合同都随着时间的推移而变得"更加硬性"，加之诊所确实遇到了提供方没能达到他们没有明确说明的预期的情形，这也使得他们有理由放弃软性方法。比如，一些诊所称为了减少开支，提供方会故意不给患者提供出院带药的服务。而诊所对此的回应是，制定一个合同条款规范这个问题（有时包括一个违约金条款）。基金经理并不认为这种方法给予了双方当事人安全感（这似乎是卫生机构的情形），而认为这只是一场"猫鼠"游戏，其中他们会努力去阻止提供方想出的降低成本的计划。

因此，卫生行政机构在起草合同时会同时使用两种模式，而基金持有者则倾向于使用硬性模式。低信任度是解释其使用硬性模式的重要因素，但是其他考量，比如标准适用的对象，也是相关的。

执 行

在执行阶段，硬性模式的特点是试图退出，以与其他提供方缔约①，而软性模式的特点是试图进行劝诫甚至帮助提供方解决违约问题。英国国民健康保险中很少能见到这些模式的纯粹版本，部分缘于制度性因素较弱（市场和"法律"系统），而这些因素通常只支持私人部门的市场模式。许多购买方使用了"中间"模式，即使用的是制裁而非退出，比如违约金条款。本章所关注的是与这些不同的执行类型相关的各种关系；第八章将探讨它们的有效性。

硬性模式

这个方法非常少见。第八章将说明，在退出的使用上，卫生行政机构受到了极大的限制。但是样本中一些更强硬的费用负责制诊所能够并且愿意使用退出，尤其是对那些违反了高度优先性的标准的行为，比如候诊时间。

考虑退出对关系的影响可能有点奇怪，因为很显然的是，它会终止当事人的合同。但数据显示这些影响是不同的。（在实践中这可能很重要，比如，如果购买方想在将来再与失败的提供方缔约。）A地区的一个提供方在本研究进行时放弃了两个基金持有者的合同，其原因是高比率的急诊导致了较长的候诊时间。而对这两种情况，经理们的反应非常不同，其中一个诊所在与提供方的谈判中一贯都非常激进，所以他在候诊时间的问题上非常严格，提供方认为这个诊所自私自利并且毫无同情心。另一个诊所则更支持提供方，他接受提供方的解释并强调他不愿意改变合同：

> 这个诊所说……我们知道都是因为急诊……我们非常希望能和你们继续合作……但是真的，你要知道，如果区别很显著，显然，我们不得不把这个病人带走。

无论是带有同情的还是激进的退出方式，对关系的影响都非

---

① 在没有发现当前的提供方有违约行为的情况下，购买方也有可能会退出，原因可能是另一提供方提供了一个更好的交易，但这样的情形与本书无关：本书专注于讨论将退出作为制裁手段的情形。

常关键。数据再次显示，硬性模式和低信任度之间所谓的联系既不是直接的也并非不可避免。

软性模式

基于第五章给出的原因，我们认为英国国民健康保险的合同更符合软性模式。然而，数据表明，明确地使用软性模式的情形是很少的。许多购买方使用了比如违约金条款这样的制裁，这使得他们的合同关系发展为中间模式。

采用软性模式似乎有三个理由。第一个理由是，有购买方发现它是完成履行的有效方法。一些基金持有者希望维持其作为提供方"重要客户"的地位，这样的话，如若发生问题，劝诫就足够了。而通过慎用退出和违约金，基金持有者也让提供方认为他们是很认真地希望通过合同来实现高标准。[①] 比如，在当地医院没有达到候诊时间的目标时，一个诊所就将其部分患者送到另一提供方处。之后，当医院的候诊时间接近目标时，基金经理给医院打电话，如此就能够让患者获得及时的治疗。证据明确地显示出，这并不意味着对抗性的、低信任度的关系。相反，提供方将诊所视为重要的客户，并努力维持他们之间的交易关系。

第二个采用软性模式的理由是更具政治性。一些基金持有者加入英国国民健康保险计划是非常勉强的。他们加入的理由各异：一些是被卫生行政机构说服加入的；另一些认为如果他们不加入计划，他们的病人就会流失。但他们一旦加入，他们就不希望在计划中使用那些他们认为不适合英国国民健康保险的"市场"因素，比如退出甚或中间制裁。样本中有好几个诊所都基于这样的理由而避开了制裁。

第三个理由是软性"默认"模式。当一些购买方不愿意进入

---

① 这与规制机构的"协商履行"行为相似：Ayres and Braithwaite（1992）；Fenn and Veljanovski（1988）。相关的实证证据，比如见 Hawkins（1984）；Hutter（1988）；Richardson 等（1983）；Rowan-Robinson 等（1990）。第八章将讨论，这也反映了需要用威胁作为有效的劝诫的后盾。

缔约程序时，他们似乎采用的就是软性模式。B 地区的一个诊所就属于这种类型。家庭医生认为单独一个诊所可能不能改变提供方的行为，因此花在缔约上的努力可能是白费的。但有争议的是，诊所对软性模式的理解（不使用制裁）不同于文献的理解（更为主动的劝诫）。相反，诊所倾向于按提供方所能提供的服务来修正自己的预期，完全没有针对提供方提起问责程序。

软性模式所暗示的关系似乎和硬性模式一样明显。它建立在高度信任关系的基础上，并不涉及任何可能降低信任水平的活动。的确，购买方决定进行劝诫而非使用制裁就可视为是在建立信任。但是这一模式的三个版本都是有问题的。第一个版本需要提供方潜在地意识到，若劝诫失败，购买方可能会投诉或使用制裁（对比 Dore 1983）。为了保证该模式的成功，通常情况下是有必要使用一些中间模式的。[①] 第二个和第三个版本并不涉及纯粹的软性模式中存在的全面合作和协同解决问题的情形。购买方不会试图提供帮助；而仅仅是不会惩罚提供方。软性模式的这些版本并不必然地使它们与高信任度的关系相连。

中间模式

这一模式会以不终止双方当事人之间关系的方式使用制裁。对那些比如像候诊时间这样的具有高优先度的标准，与合同监督信息的提供这样的问题，卫生机构倾向于使用中间模式。虽然针对比如质量标准这样低优先度的标准，机构使用了软性模式，但他们认为对一些重要事项来说，是需要运用某种形式的制裁的，而通常使用的就是合同违约金条款（见 NHSME 1990）。制裁则被视为劝诫失败后的最后手段：

> 我们更愿意讨论问题，并努力解决它，最终达成一个实施计划来纠正问题，而非从合同中扣钱……但尽管如此……一些最终的制裁也是必要的。

---

① 如第八章将表明的那样，购买方不会依赖于竞争而造成潜在的威胁。

一般认为，一个仅依赖于劝诫来实现履行的合同，会使机构受制于提供方的突发奇想。

大多数基金持有者也采用了中间方法，对高优先度的标准使用制裁，比如卫生行政机构，他们采用了违约金条款，但同时他们也有很多非正式性的策略。比如，当医生没能写清楚他们对特定患者施以的治疗，诊所可能会拒绝支付该治疗的发票，直到收到相关信件。另一个选择就是部分地退出。一些诊所将部分患者转移到其他提供方处，以表示对不良的沟通状况或候诊时间的抗议，而当那些失去患者的提供方的表现得到改善时，他们就会把患者再转回来。诊所解释道，他们使用这些方法是为了敦促提供方在履行他们的合同时投入更多的精力。

购买方使用违约金会对他们之间的关系产生什么影响呢？协商将违约金条款纳入合同，意味着购买方预期到可能会出现问题，并且不相信提供方会遵守合同。在商人中做的有关合同的实证研究显示，正是基于这一原因，人们才会避免使用这一条款（Macaulay 1963）。本书的调查结果也倾向于支持这一观点。提供方通常会强调一个事实，即合同中并不存在激励因素，并且主张他们是自愿改善履行，而不是因为存在违约金条款：

> 它们并没有起到推动作用，而通过惩罚来迫使我们做那些我们难以做到的事情，是不可能比我们仅仅是因为自己决定想要努力把事情做正确更有效。

尽管如此，购买方还是规定了违约金，因为他们害怕在相对方违约时也不能得到救济。第八章将讨论缺乏对合同的制度性支持也加强了这一点，因为这意味着购买方不能依赖市场或者法律体系来保障他们的权利。

可以预期的是，运用违约金对关系的损害更大。但数据显示，制裁的有效性与它们对关系的影响之间有着很强的联系。第八章将会证明，在提供方明显违约，却没有合理的违约理由，并能够轻易纠正问题的情形下，违约金似乎能够促进履行（Davies

1999b)。一位经理承认，在管理结构的现代化方面，她的信托公司反应是比较慢的，她预计购买方会要求改变：

> 我想信托公司可能需要那个刺激，真的，从购买方那儿。

关系得以维系的原因是提供方承认购买方使用的制裁是公平的。

但是当违约金失败时，关系也会受到影响。C机构使用违约金来解决其与主要提供方在候诊时间方面的违约问题，提供方声称，高比率的急诊导致他们不可能达到标准，并为其主张提供了很好的证据。机构的合同经理解释道：

> 我们这样做了好几个季度，然后（信托公司的首席执行官）写信来说，我真的厌恶这些违约金了，因为你们完全清楚我们遇到的容量问题，我们有大量的急诊，我们没有病床，你们又不给我们更多的钱来购买更多的病床，你知道，你们总是因为这样的事情来惩罚我们，有点过分了。然后我们就说好吧，公平一些，继续这样做可能不合适。

关系所遭受的损害是巨大的。提供方的员工对机构行为很反感，认为他们的好意受到了质疑。因此机构不得不停止使用违约金，并在下一年度的合同中减去这些条款。而正如一些基金持有者所做的那样，将违约金作为退出的垫脚石，它们是否会破坏关系则变得并不重要了，因为诊所会完全终止合同。但是对于卫生机构和其他基金持有者而言，如果他们的违约金条款失败了，他们却并不能真的退出，就会导致他们对这个不得不继续的关系产生极大的不适感。

执行是一个复杂的问题。卫生行政机构采用了一个相对统一的方法，即在高优先度事项上使用中间策略，在低优先度事项上使用软性策略。基金持有者之间方法的使用差别更大：大多数情形下，诊所都倾向于采用同样的方法，但是这种方法可能是三种可能模式中的任一种。实践中，很少会遇到软性模式的"纯粹"形式，因为这种形式很关键的一点是，依赖于提供方对购买方的订单的重视程度。为维持"重要客户"的地位，使用制裁有时是很有必要的。硬性的方法会暂时性地终止当事人之间的关系，但是有趣的是，如果公正地使用该方法，当事人之间的信任关系是可以维持的。中间方法是问题最多的。虽然公正地使用制裁并不会破坏关系，但当提供方认为自己不应承担违约责任时，制裁就会破坏信任关系。在使用了制裁之后，购买方却不得不维持与提供方的关系时，就会产生特殊的困难。简而言之，无论使用的模式是什么，公正是维系关系的关键因素。

小　结

　　总结每种类型的购买方所使用的模式是一项困难的任务。宽泛地说，基金持有者在协商的很多方面以及合同起草中，使用的都是硬性方法。他们的行为在执行阶段变化最多：不同诊所变换使用了硬性、软性、中间方法。基金持有者使用硬性模式通常反映出其与提供方相对较低的信任度。但信任并不能解释所有的问题：比如，一些诊所不使用硬性的执行方法，是因为政治上认为英国国民健康保险不适合使用制裁。

　　卫生行政机构的关系更为复杂。在协商和起草中，他们使用了硬性和软性的方法，在执行中，他们使用了软性和中间的方法。有很多原因可以用来解释这些发现。比如，中央政府的影响很大：机构面临着来自中央的要求达到一定标准的压力，所以在那些标准难以完成时，他们就会使用硬性模式。不过，信任水平也具有相关性。比如，在高优先度的财务和服务的问题上，机构认为除非合同中规定了相对具体的标准，否则他们是不能信任提供方的。

　　就对责任进行分析的方法而言，硬性和软性模式被证明是一种有益的增加：它们有助于解释调查结果的很多方面。即使在调查结果并非由特定模式的实施而导致时，它们也是有用的。比如，软性执行受到了对有效的潜在威胁需要的限制。但是本书的讨论强调了一个事实，即在适用这些模式时，需要有一些警惕。模式的特定特征和信任水平之间的联系，要比模式本身所表明的更复杂，比如，购买方在细节方面明显的软性参与，可能意味着低信任度。因此，关键的是在使用这些模式时，检测他们对信任的预期。

好的问责关系中的程序公正

与信任关系有关的数据要怎样才能用来发展内部合同的规范性框架呢？通常情况下，就政府和被管理者之间的关系而言，公职律师能想到的就是程序公正。这里可能有人主张，问责程序应当包括对程序公正规则的尊重，但将这些规则适用于内部合同却面临着许多复杂的问题。本节将从讨论合同问责关系中有关正当程序的理论开始，接着在英国国民健康保险合同的实证证据基础上反思该理论。

理论上的合同正当程序

可适用性

正当程序的规则是，在最高层面上保证政府与公民的互动。对正当程序规则的一般理解（Bayles 1990；Galligan 1996）在问责关系中尤为突出，因为涉及对履行及可能适用的制裁做出判断。在工具层面上，公平的程序有助于保证问责程序的有效性（对比Galligan 1996）。比如，它们可能要求收集充足的证据，如此问责者才有可能对履行做出尽可能精确的判断。在非工具层面上，公正的程序是确保被问责的人或机构有机会参与问责程序的重要手段（Bayles 1990）。虽然在关涉公司时，这一主张可能缺乏道德上的有力性，比如涉及英国国民健康保险的信托公司，但这一主张仍然具有相关性：组织受到的不公平待遇也可能关涉到员工个人的不公平。

然而，当问责程序以两个公共主体之间的合同的形式出现时，也会产生同样的困难。① 有一种观点认为，对规制政府与被管理者之间的关系而言，程序保障是至关重要的，但这种观点是不具相关性的。但确实存在将程序公正规则扩大适用到这些关系中的情形。首先，有这样做的先例，比如，R v. Secretary of State for Social Services, ex p. Association of Metropolitan Authorities② 案就涉及一项被法院认定为具有强制性的法定义务，即向代表地方政府的组织进行咨询的义务。③ 议会创设了一项义务，法院在确定其含义时是不会面临什么困难的，即使法院的行为实际上是在公共主体之间执行正当程序规则。其次，程序的工具理性有助于决定的准确，即使在政府内部，这些决定也是可适用的。再次，"新公共管理"改革为公共主体之间的关系创设了存在程序规则的空间。第三章表明，用合同关系替代管理关系需要一系列的"游戏规则"，以规制当事人之间的活动。而要求当事人公平对待彼此，明显属于这一系列规则。

内　容

正当程序原则不能"自我执行"，它们必须适应于其适用的情形及其服务的目的（Galligan 1996）。在这里，相关的程序是，按照硬性或软性模式，协商或执行合同。正当程序原则必须与合同的理念和不同模式所表现出来的不同版本的合同相适应。那么什么原则是适当的呢？

理论上，合同的合理性很大程度上来源于一个事实，即当事人同意他们被施加的义务（Bayles 1990）。但是当合同的作用是支持问责程序时，想要完全实现这一价值是不可能的。因为通常合同中所担忧（Collins 1997）的谈判力量不对等的问题，是有效问

---

① 第三章解释道：当合同具有私法上的可执行性时，在有限的条件下，法院会愿意适用自然正义规则。这些情形在这里是不相关的，因为内部合同不具有法律上的执行力。

② 1986 1 WLR 1.

③ 有关中央地方关系法制化的论述，见 Loughlin（1996）。

责的积极条件：问责者应当有优势（Day and Klein 1987）。[①] 当问责者发现被问责主体对特定标准的反驳不具有合理性时，他应当为公共利益而实施这些标准。[②] 虽然在问责的理论中这可能是合理的（虽然实践中评估是否"不合理"可能很困难），但它并不能很好地适用于合同问责程序。这对于本节将要探讨的程序公正模式来说是一个重要的注意事项。它能适用于极端情形之外的合同问责关系，但在极端情形中，购买方会将标准施加于没有正当理由的提供方。

硬性和软性模式获得合意这一核心价值的方法有所不同，因而每种模式都需要有自己的程序公正。但是形成这些模式所依据的文献，并没有对公正问题表示担忧，因此本书面临的挑战是，运用类似于德沃金（Dworkin）的"解释性"方法进行分析，以确定最适合各种模式的公正理念（Dworkin 1986）。

软性模式非常重视合意，无论是合同协商中还是履行期内都是如此。在这一背景下，公正的程序是那些能促进当事人协同一致的程序。这意味着具有高度合作性的协商模式，其中购买方允许提供方对其所提出的任何标准进行评价，并表示愿意考虑提供方的观点。[③] 如果在合同履行期内出现问题，购买方也应与提供方进行会谈，会谈不仅仅是为了听取提供方的理由，而是为了共同承担解决这些问题的责任。

具有全面参与性的程序对信息有很高的要求。双方当事人都享有所有相关的信息是进行协商的前提：如果信息不完全公开，双方当事人就难以达成协议并共担责任。此外，购买方拒绝有意的监督活动的前提是，提供方的履行情况完全向购买方公开。因而在软性模式中，任何一方向另一方隐瞒信息都是不公平的。

---

① 见第四章和第八章。

② 问责者可能没有权力这样做，其他的解决办法，比如与更愿意配合的提供方签约，通常更具可行性。

③ 具有高度合作性的问责程序可能会受到质疑，即问责者可能会被其想要问责的主体"俘获"。数据并没有表明真正地存在"俘获"，而可能存在的例外就是上文提到的"默认"这种软性的方法，但是即使是这种例外也很少见。

对合作的强调解释了为什么该模式是模糊的，虽然一般性的标准不符合要求标准应当为行为提供明确指导的法治原则，但它并非是不公平的（Fuller 1969；Raz 1977）。[1] 软性模式下的公正则要求提供方有机会就标准问题与购买方进行定期的讨论，并协商这些标准的具体适用，如此一来，提供方就不需要预测标准将如何适用。

相反，硬性模式对合意的重视程度较低。显然，当事人之间的合意必须达到使得他们可以签订合同的程度，但合同协商并不需要以合作方式进行。相反，购买方设定了自己的要求，而提供方必须维护自己的利益，必要的时候，他们还会提出反驳甚至拒绝签署合同。模式本身并不包括信息共享的要求，虽然可能在适当的时候需要增加最低限度的要求，比如，那些会实质性地影响对方是否同意签署合同的信息，任何一方都不得向另一方隐瞒。[2]这有助于确保双方当事人都自愿同意。更具争议的是，有人可能会主张，就其所提出的标准，购买方应当咨询提供方，并给予其陈述观点的合理机会，而非仅仅要求其同意。这可能有助于实现一个工具性的目标，即使得购买方能够从提供方对标准的评论中学习到东西，同时也有助于实现促进参与这一非工具性的目标。硬性模式的极端情形可能要求为了公平这一价值进行一些修正。

曾经一度得到认同的是，硬性合同似乎适合于一个为人所熟知的称为"标准适用"的程序（Galligan 1996）。该程序内在的价值是，应当按照标准对问题作出决定。一些具体的原则可以用来保证标准能以公正有效的方式适用，这些原则中的大多数都与硬性模式密切相连。[3] 第一，适用的标准应当提前进行明确的设定，以符合法治的要求，即受规则影响的人能够将这些规则作为其行

---

[1] 在硬性模式下，这是不公平的：见下文。

[2] 一般的合同法有许多规则，虚假陈述原则是为比较著名的一种，其保护的是同意的真实性。有关这些规则相当于"谨慎协商的义务"的主张，一般见，Treitel（1999）以及对比 Collins（1997）。

[3] 这里没有讨论反对偏见的规则。在行政（不同于司法）活动中，它的适用通常会被修正或忽略。

为的指南（Fuller 1969；Raz 1977）。硬性合同一般可以满足这一要求，因为硬性合同的当事人会努力地在合同中规定精细的、具体的标准，以避免留下需要将来协商的问题。第二，适用标准的人应当设法尽可能准确地发现事实。硬性模式的购买方当然也会努力做到这一点，比如监督提供方的服务，检查其账目，在可能的情况下使用独立的信息。[①] 这一要求可被用来正当化下述义务，即提供方需要提供便于标准适用的信息的义务。但在硬性模式的背景下，要求达到软性模式的公开度是不合适的。相反，提供方可能仅有义务提供购买方要求的具体信息。第三，适用标准的人应当考虑提供方的所有观点。这一要求可能难以在硬性模式中适用。一方面，这是程序公正非常重要的一方面，尤其是当这一要求服务于准确决策和保证受影响方参与的价值而可能适用制裁时（Galligan 1996）。[②] 另一方面，硬性模式允许购买方要求提供方承担责任，而不考虑提供方的理由。在这些情形中，购买方没有必要去听取提供方的观点。因此，硬性模式中的对抗性因素，切断了比较直接的正当程序原则。因此公正的要求可能有助于硬性模式的修正。

实践中的合同正当程序

实证研究允许依据正当程序原则审查"真实世界"的合同，以更全面地发展这一原则。数据中发现了三个主要的问题：模式的不完全运用，同一合同中使用复合的模式，以及硬性合同中令人担忧的公正问题。

不完全运用是软性模式最明显的问题。如上文所解释的那样，"劝诫"在英国国民健康保险中通常意味着缺乏制裁，而不是购买方的积极参与，当以下问题并不明确时尤其如此，即购买方是否愿意与提供方共同承担责任并帮助其解决问题。在非常强调合作

---

① 软性模式的支持者会主张这些方法是有缺陷的。

② 如第二章所解释的，法院愿意在私法中的一些合同中适用自然正义原则，尤其是当一个个人接受审判并可能受到制裁时。

的模式中，购买方在出现问题时"声明同提供方脱离关系"是不公平的。①

在同一合同中使用硬性和软性模式同样会引起正当程序的问题。卫生机构倾向于使用复合的起草风格，而这可能会引起不一致和混淆的风险。如果机构试图通过下述方式使用复合的方法，即用硬性的方法去实施软性标准，就可能产生不一致的问题。这对于提供方而言是不公平的，因为他们无法用这个标准来指导其行为：软性标准不能达到硬性模式所要求的明确性和具体性。相反的情形也证明了混淆的风险。当提供方遇到合同中既有硬性标准也有软性标准的情形时，可能会期望通过合作型的协商来适用标准。而提供方可能会意外地发现，他并不能就标准进行争论，却只能完全按照合同规定来适用。

程序公正的要求要怎样发展才能适用于复合模式的合同？一种可能性是，主张复合合同本质上就是不公平的：它存在上文所明确的问题，因而应当避免使用。但这会限制当事人活动的自由：复合标准是对合同中需要规定的复杂程度和优先度都不一样的事项的合情理的回应。复合方法中的公正要求遵守两个关键原则。首先，能够区分软性方法和硬性方法适用的事项。卫生行政机构通过以下的方式做到了这一点，即在财务和候诊时间方面使用硬性标准，这由财务人员完成；而在质量方面则使用了软性标准，这由质量人员完成。这种按照对象和人员进行划分的方法，降低了标准适用中不一致性的风险。其次，购买方应当确保提供方知晓复合方法是如何使用的。此处应认识到的风险是，购买方可能会误以为，比如，即使存在一些硬性标准，所有的合同条款也都可以进行协商。但相对于大多数英国国民健康保险购买方的行为所显示出来的需要而言，这可能要求他们更加深刻地意识到遵守正当程序原则的需要。

---

① 关于这个问题的细节讨论，见第六章。

也许数据显示出来的最突出的问题是，硬性模式中的公平问题。[①] 上文认为，正当程序可能要求对硬性模式的极端情形进行一些修正。但在很多案例中，英国国民健康保险购买方都在不考虑公平问题的情况下使用了硬性模式。

在合同协商阶段，硬性模式的购买方在没有就有关标准内容咨询过提供方，也没有考虑过提供方观点的情况下，就施加了标准：B机构有关质量问题的谈判就是一个例子。此外，有证据显示，购买方会隐瞒可能影响提供方同意的信息：比如，基金持有者拒绝提供有关特殊财务交易对他们的影响的信息。

购买方有时会主张，他们决定向提供方施加标准是正当的，因为提供方会无理地拒绝同意。在上文的理论探讨中曾提到过，这可能是忽略合同问责关系中合意价值的一个好理由。但是很难评估购买方有关不合理性的主张是否成立，甚至对一个能够接触双方当事人的研究者而言也是如此。比如，在财务方面，提供方有关成本的主张是明显合理的，若购买方不是受制于自己的预算目标，就可能会同意这些主张。即使公开认为提供方毫无理由的购买方，私底下也通常会施以更多的理解。

一些购买方，尤其是基金持有者，同样认为协商阶段的硬性行为是合理的，因为提供方可以保障自己的利益，并不需要程序性的保障。然而实践中，购买方并没有参与到任何有关谈判权的具体审查中。虽然相对于提供方而言，基金持有者确实是缺乏经济实力的，但第八章将说明，他们以退出作为威胁通常是有效的，他们还能组成团体以增强力量。至于他们假设自己处于弱势地位这一点是否合理则是不明确的。[②] 无论如何，虽然正当程序规则通常被用来保护弱势当事人不受剥削，但这些规则的基本原理在于，其有助于实现程序的任何内在价值。在硬性模式中，相关价值是（有限的）合意和标准的准确适用。因而即使在当事人能够为自己

---

① 中间执行模式也包括在这里，因为就程序公正而言，它似乎更接近硬性模式。
② 第八章将说明卫生行政机构明显有更强的财务能力，但是缺乏退出的灵活性。

谈判时，坚持正当程序也是适当的：这些价值太具有根本性而不应留给多变的协商。

在执行阶段，硬性模式的购买方并不总是会提前通知其将要适用的惩罚。基金持有者使用了一系列非正式性的罚金，包括拒绝支付发票或者部分退出，而这些都是合同中没有规定的。实践中，许多提供方确实能意识到制裁即将发生，因为基金持有者不会在没有先提醒的情况下就直接施以制裁。不过，这样的情形会发生的原因是，对于购买方来说，事先提醒是一种有用的策略，而不是因为他们认为在与提供方相处时需要有正当程序。另一个与公平有关的问题是，当适用硬性或中间模式的执行时，购买方并不总是在施以制裁之前就听取提供方的意见，或者留意他们的观点，而不给提供方解释的机会就对其进行惩罚，是程序不当的本质。

另外，购买方为其硬性行为给出了一些解释。其中有一种观点认为提供方对违约金的反应，就能显示出提供方是否有正当的违约理由。如果提供方纠正了违约行为，就说明他的理由并不真实；如果他继续违约，就说明违约是不可避免的。但是这一主张有两方面的缺陷。首先，在面对违约金时，提供方仍可能不会退让，即使他没有合理的理由去违约。其次，如 C 机构所发现的那样，即使违约金最后被撤销，当事人之间的关系也会被破坏。而在适用违约金之前进行简单的听证以讨论问题，会是一个风险较小的评估提供方理由的方法。

无论提供方是否有正当理由，一些购买方都要求提供方承担违约责任。这种情形下，给予提供方听证的机会将毫无意义。但合同生效后，这些购买方并不总能使提供方了解自己的立场。大多数购买方都准备听取提供方的理由，如此一来，对于那些没有通过这样的行为以保证提供方了解自己做法的购买方来说，这些购买方的行为就对他们施加了压力。

硬性模式引起的更根本的有关公平的问题是，对于政府控制的企业来说，不受限制的追求自我利益是否合适。一方面，可以主张促进追求自我利益是合同化改革的目的。他们通过创设利益各异的小机构，来影响官僚自利这个公共选择理念。而这些小机构之间的竞争将促进服务质量和效率的提高。公平的理念可能会通过如下方式阻碍竞争力量的自由发挥，即给较弱的机构解释其失败的机会，而非让他们面对欠佳表现带来的市场后果。另一方面，也可以主张这种类型的自利是虚幻的。各机构的短期利益可能是不同的：购买方想要维持其预算的愿望，与提供方想要实现收支平衡的愿望可能是不一致的。但是购买方和提供方也表现出了"善意"，他们并不总是不惜代价追求"自己的利益"①。这可能涉及有关自利的长远性理解，即处于持续性关系中的当事人承认，前一年的获益会增加之后几年谈判的困难（暗示着是软性模式，或者受约束的硬性模式）。此外，它可能意味着更大范围的公共利益也处于危险之中（意味着至少是部分地排斥公共选择理论）。根据这一观点，即使是硬性模式中的程序公正，也在促进更广泛的公共利益上发挥着重要的作用，它保证了英国国民健康保险合同不会不正当地使任何一方处于劣势。

　　将上文发展出的程序公正原则，适用于英国国民健康保险的数据并非一个机械的过程：考虑到实践中遇到的关系的复杂性，这些原则也需要进一步的完善。但是数据中展现出来的最重要的一点可能是公正程序的重要性：虽然购买方没有具体考虑这一点，但很明显的是，如果购买方这样做了，他们与提供方之间的关系将会受益。

小　结

　　内部合同应当有程序的维度。程序公正的规则有助于提高此类合同所支持的问责程序的有效性，并保证当事人互相尊重。但

---

　　①　本研究发现了许多例子：比如，提供方维持较高的临床标准，而购买方使用软性模式，即使他们对此没有直接利益。同见 Barker 等（1997）。

是这些规则必须适应于合同关系，即需要考虑硬性和软性模式下不同形式的关系。

一些有关公正的一般假设需要经过修订以适应于这些模式：比如，在软性模式这一特定情形中，人们认为标准不需要具有明确性和具体性，虽然法治通常有这样的要求。另外，这些模式的某些方面也确实需要被修订以符合公正的要求：尤其是在硬性模式的极端情形中，隐瞒信息和没有预先警告的惩罚，都应当在正当程序的基础上被拒绝。本研究有关每种模式下的正当程序可按照如下方式进行概括：

软性模式：

● 合作式的协商（只要一些购买方可支配的需求允许），协商阶段双方当事人共享信息的义务，不需要提前设定明确标准（但当事人认为明确规定比较好时，也不禁止这样做）；

● 提供方承担为监督目的共享信息的义务；

● 在执行阶段，购买方承担考虑提供方的解释和理由的义务，以及承担与提供方共同解决导致违约的问题的，责任。

硬性模式：

● 在咨询性的协商中不有意隐瞒相关信息，提前设定明确具体的标准以指导行为；

● 提供方承担为监督目的而提供相关信息的义务；

● 购买方承担对可能适用的制裁提前发出警告的义务，以及给提供方提供听证以听取其解释的义务。

通常情况下，公职律师会希望所有的问责机制都适用程序公正。这点在如投诉程序这样的机制中最为明显，在这些机制中，个人可能会因未达到要求的标准而受到批评和惩罚，但当这一机制是合同时，程序公正也同样具有相关性。本研究讨论了获得为人所熟知的程序原则和合同问责程序之间的平衡所面临的一些难题；还需要进一步研究的是在其他的内部合同中检验这里所提到的观点。

第八章

获胜：使问责程序有效

作为一种问责机制，英国国民健康保险合同并不是非常有效的。购买方尽力去设定他们要求的标准、保证提供方遵守这些标准。有很多因素导致了购买方的弱势地位，本章的第一部分将探讨这些因素。当然，这些因素极大地受到了具体情况的影响，但尽管如此，它们仍有助于突出那些需要在其他内部合同中进行审查的问题。本章的第二部分从英国国民健康保险的数据中进行了一些可能的概括，并提出了需要进一步研究的问题。

在讨论数据之前，理解"有效"的含义是非常关键的。在合同问责程序中，无论是在合同协商阶段还是在合同有效期内，都应当判定有效性的问题。在协商阶段，购买方的目标应当是设定他认为符合公共利益的标准，通常情况下，他们是通过与提供方进行协商来实现这一目标，但也有可能是在提供方的反对并不合理时加强这些标准。一旦签订合同，购买方的首要目标就是获得信息以监督履行，并保证履行符合设定的标准，其附属目标则是在违约时获得合理的解释。

英国国民健康保险购买方的这些一般性的目标，可以以更具体的方式进行说明。在合同协商阶段，英国国民健康保险购买方专注于他们为提供方所设定的义务，以及他们自己能够承受的义务。他们试图为提供方设定各种各样的标准，尤其是那些第六章就已经讨论过的具有高优先度的事项：候诊时间、信息等等。他们还试图去确保他们所接受的合同价款构成了一项"好的交易"：提供价格合理的服务，同时也可以维持他们的预算。在合同的有效期内，购买方寻求对其条款的遵守：这可能涉及确保完全不发生违约，试图阻止潜在的违约，以及在违约发生时努力解决它们。

在后一种情形中，获得提供方合理解释这一附属目标开始起作用，除非购买方适用"严格责任"。当然，如果购买方起先没有发现合同违约，所有这些都是不可能的。就活动水平而言，购买方要求提供方诚实地提供有关下述问题的信息，即合同的进程，高优先度标准的履行情况，比如等待时间等。但到底是什么因素影响了购买方成功地实现这些目标呢？

调查结果和解释

数据显示，有五个主要因素影响着购买方通过合同来制定有效问责程序的能力：市场中的竞争程度以及除退出之外的其他制裁的效力；调解和仲裁的可用性；来自中央政府实现特定目标的压力的影响；购买方投入任务中的努力和精力；以及当事人之间对等的获取信息的能力。当然，这些解释应当视为是具有试验性质的：研究中的大多数案件都涉及多种因素的结合，不可能声称某个因素和购买方的成败之间有着明确的因果关系。

对硬性和软性模式的讨论需要让步于对这些因素的考虑，因为在大多数情况下，这些因素制约了购买方完全实施任何一种模式的能力。虽然本研究的目的是评估这些模式的相对效力，但是面对数据所反映出来的更为复杂的现实，我们也不得不修正这一目的。

竞争和制裁

硬性和软性的执行模式都依赖于有效的潜在威胁的存在，尤其依赖于购买方能够在出现以下情形时施以带走合同的威胁，即提供方不同意特定的标准，或者其在合同履行期内违反标准。硬性模式的购买方完全可以实现退出的威胁，而软性模式对退出的依赖则是间接的。为了使劝诫有效，提供方需要重视购买方的习惯。当出现购买方没有可替代的缔约方，而面临着无论提供方如何行为，购买方都不得不继续该合同的情况时，提供方是不太可

能这样做的。在购买方成功地实施了软性模式的案例中，这一点
变得更为明显。当出现本地提供方不能在合同规定的候诊时间内
治疗患者的情况时，一个实行费用负责制的诊所就将其患者转移
给另一提供方。在这之后，购买方只需要给提供方打个电话，提
醒他一些患者的候诊时间已经接近限制了，就足以鼓励提供方给
那些患者确定手术的时间。劝诫在这里仍然是有效的，因为提供
方知道，劝诫因退出这一潜在威胁而得到了加强。[①] 而那些没有威
胁的劝诫确实是鲜有成功的。

　　然而，实践中，购买方的退出能力面临着一系列的制约。卫
生机构面临的主要问题是，他们有义务保证他们的患者得到核心
的服务（NHSME 1989；1990）。地方医院会有急诊的事实是难以
改变的，合同也要对其付款。在非急诊方面，则更具灵活性，但
这仅是卫生机构承包投资组合（contracting portfolios）中的一
部分。

　　更重要的是，并不总是有很多的提供方可供购买方选择。在
本研究中，C 地区有最多的选择，因为它位于一个大的有卫星城
的城市中，有自己的地区综合性医院和许多临近的提供方，还有
一个大型的教学医院。A 地区和 B 地区在中心有一个主要的提供
方，他们只需要就住在交界地区的患者的订单进行竞争。这意味
着，对于 C 地区的两种类型的购买方，和处于 A、B 地区边界的
基金持有者而言，退出是最简单可行的。当购买方的位置接近当
地提供方时，退出就不是一个现实的选择。一位家庭医生对这一
点给出了惊人的说明：

　　　　即使等待名单已经到 1 年（在当地提供方处）和 6 周
　　（在一小时车程之外的提供方处），约 90％的患者不会愿意为
　　检查走更远的路，即人们基本上都不会这样做，在这一地区，
　　由于地理原因，大多数服务都没有合适的替代选择。

---

　　① 对比 Dore（1983）有关竞争市场中的软性合同。这一方法和规制中的"协商
履行"相似（比如，见 Hawkins 1984）。

当然，患者可能比购买方所预期的更愿意出行。尽管如此，购买方的行为意味着，提供方的合同相对更有保障。本研究证实了许多评论者的观点，即英国国民健康保险的"市场"是一个在边际上具有有限竞争的市场，而非完全竞争的（比如，Barker 等 1997；Walsh 等 1997）。

然而，这一发现中有重要的一点需要注意。有时提供方对退出的害怕高于需要的程度。显然，这对购买方是有利的。在 B 地区，社区信托公司试图对基金持有者进行实质性的提价。一位基金经理承认：

> 我们那时的确用离开来威胁他们，但事实上社区服务极难转移到其他提供方处。[①] 所以从某种程度上说，那是个无力的威胁。

尽管如此，信托公司仍然极大地受到威胁的影响。一位经理将这种威胁描述为"真实的"，并解释道他曾"成功地说服了他们回心转意"。因此，退出的威胁可以是一个有效的武器，对于基金持有者而言尤其如此，但是使用时需要小心：总是存在一个风险，即提供方会通过拒绝妥协来揭露购买方的虚张声势。

由于竞争较弱，购买方在合同签订之后通常会使用中间模式的制裁，比如违约金或部分退出。数据显示，这些制裁有助于保证合同的履行，但仅在特定条件得到满足的情况下才是如此（更多内容见 Davies 1999b）。购买方应当将制裁视为重大的危害，而同时尽力对问题进行相对简单的救济。研究中，一个提供方因为没能及时地给基金持有者提供发票而损失了大量的资金[②]，他对此的回应是，建立一个复杂的制约系统，以保证尽可能多的服务能得到及时的付款。违约金是有效的，因为通过这些管理上的改变

[①] 弗林等（Flynn 等）（1996）发现相似的证据显示，基金持有者不愿转移社区合同，而倾向于由他们信任的人员提供社区服务。

[②] 国家法规规定，基金持有者可以拒绝支付没有收到的发票，其前提是该活动发生在当月月末之后 6 周内（Richardson and Taylor 1995）。

是可以解决问题的，也因为制裁的影响重大：它剥夺了提供方获得对其已经完成工作的报酬。

相反，为回应违反等待时间标准这样的违约行为，购买方使用了部分退出的制裁方式，也反映出了违约金的一些问题。首先，提供方声称等待时间过长是因为一系列复杂的因素，比如，人员短缺，以及不可预期的急诊上的需求。这些问题比管理上的错误更难解决。其次，部分退出并未被视为重大制裁，尤其是对于等待时间而言。在供少于求的情形下，需求的减少能使提供方更易管理它的工作量。正如一位信托公司经理所解释的那样：

> 我们在努力对它做点什么……（但是）我（对家庭医生）说如果你们愿意把他们送到（临近的提供方处），请自便。因为这能减轻我们等待名单上的压力，而我们（的医生）永远不会就业不足。

此外，提供方认为在合同金额不大的情况下，他们是可以承受一些合同损失的。一个基金持有者的合同不一定会对大型提供方产生很大影响：

> 家庭医生的基金持有者当然会威胁把工作带走，有些也的确这样做了，但从某种程度上来说，这就像是蜇了一下大象。

这使人对一些评论者的主张产生了怀疑，像贝克等（Barker等）（1997：96），他们认为边际上的竞争性能够充分替代竞争。提供方的镇定正是源于大多数合同都是安全的。

因此，退出和更轻的制裁在英国国民健康保险中是存在问题的。这使得购买方难以确保就他们希望设定的标准达成一致，或者在达成一致之后难以保障标准的遵守。通常情况下，提供方会遵守，比如，当他们认为标准是适当的时候，但这使得购买方很容易受到提供方的影响，从而改变了有效问责所需要的力量平衡。

调解和仲裁

英国国民健康保险的调解和仲裁协议[1]有两种潜在功能。一个是解决合同履行所产生的纠纷。[2] 另一个是在合同协商阶段防止有主导性谈判地位的当事人剥削弱势的当事人。[3] 那么调解的可能性的存在[4]，对购买方有效使用合同的能力有什么影响呢？

对协商阶段的当事人而言，调解不是很有吸引力。它的使用受到英国国民健康保险执行机构地方办公室的强烈反对：购买方和提供方被告知，它（调解）会被视为管理失败的象征，是一个所有利害关系人都会认真对待的威胁。[5] 这点威吓了 B 机构及其所有的提供方，也没有证据显示那里的基金持有者使用了调解。A 机构和 C 机构则使用了这一程序，但是很快指出他们只是将其作为最后的办法。其次，使用了调解的人对其是不满意的。虽然其目的在于使用"钟摆仲裁（Pendulum arbitration）"（NHSME 1989），但地方办公室已然发展出一套做法，将一些事项裁定归为一方，另一些裁定归为其相对方，以实现总体的平衡。不过，当事人将其视为"逃避责任"而非真正试图参与并解决他们之间的纠纷。

然而，矛盾的是，购买方可以将不受欢迎的调解转化为自己的谈判优势。当购买方比提供方更有理或者更有胆量时，他可以将调解作为威胁，以利用提供方不愿地方办公室干涉的意愿。C 机构通过拒绝过高的提价和建议进行调解，来迫使提供方做出重大让步。提供方没有提价的合理理由，并且由于合同的总价值并不高，所以他也并不认为这件事值得进行调解。当然，在其他情

---

① 1990 年《英国国民健康保险与社区保健法案》第 4 条；1996 年《英国国民健康保险合同（争端解决）规定》（SI 1996/623）。见第二章和 Hughes 等（1997）。

② 1990 年法案，第 4 条第 3 款。

③ 1990 年法案，第 4 条第 4 款。

④ 本研究没有发现法定仲裁的例子，所以"调解"被用来指代地方办公室进行的非正式的调解和仲裁程序。

⑤ 采访数据。同见 NHSME（1990）；Hughes 等（1997）。

形下，优势可能在提供方。

在合同的履行期内，避免调解的压力似乎更有效。本研究只发现了一个使用调解的例子。因此，购买方遇到了两个重要的问题。首先，购买方发现他们的合同缺乏规范力。当然，许多的合同条款通常都会被满足：那些在处理一般事务的过程中都会被遵守的条款，或者作为对其他规制机制的回应。但是仅仅在合同中规定一个条款，并不能保证其得到履行。一位家庭医生在谈到一项要求及时提供医疗信件的合同条款时说道：

> 你得到的一部分是，但也有一部分不是，所谓的评论意见是"我们不能控制。我们会努力解决它"。但是没有任何感觉认为"它很重要"。

对提供方的采访也印证了这一发现。当一个信托公司不能①满足合同截止时间的要求时，发生了更为极端的例子：

> 他们说你不能这样做，这里已经说了，你不能这样做。我说好吧，够强硬。所以我所做的只是用涂改液修改之后，再填入一个新日期。

合同不具有"约束力"可能导致，至少部分地导致，英国国民健康保险中"法律"救济的薄弱。② 合同义务不具有约束力，是因为不履行它们也不会有真正的后果：没有以英国国民健康保险调解或仲裁形式出现的"法律"行动的威胁。正如之前的章节所解释的那样，购买方也没有任何非常有效的退出行为或者其他制裁措施可作为威胁。

购买方在合同履行期内遇到的第二个问题是，在没有调解的情况下，他们无法解决与提供方的履行纠纷。当他们不能把生意带给其他提供方时，他们会发现自己困在有持续性纠纷的关系中。

---

① 这个信托公司是一个救护车信托公司，它要在特定日期之前公开其价格。他的主张是履行是不可能的，因为政府已经改变了预算的日期。而直到公布预算之后他才愿意公开价格，如此才能将任何燃油成本的提高反映在其价格中。

② 这加强了那些强调制度在合同程序中的作用的研究结论。

比如，提供方可能主张不能达到一个特定条款的要求，但是购买方可能认为该要求是完全合理的。调解可能是一种解决此类问题的方法。这一点也为研究中所审查的一个调解案件所说明：当一个提供方没能及时提供活动数据时，C机构试图启用违约条款，但是提供方拒绝支付违约金。在调解中，地方办公室裁定C机构获得一笔款项，虽然这少于它在合同中可能获得的数额。当事人对这一妥协都不完全满意，但是它的确使得双方都可以声称自己获得了部分胜利。它解决了直接的纠纷，并为当事人之间重建信任提供了起点。当然，私人部门的证据显示，商人不愿进行诉讼（Macaulay 1963），但是与英国国民健康保险购买方不同，他们更有可能选择退出。

英国国民健康保险执行机构似乎认为，容易获得的纠纷解决程序可能会鼓励当事人不达成一致。但是缺乏这样的程序，会给试图设定标准、执行合同并解决有关合同执行的纠纷的购买方制造问题。如果有什么的话，它似乎会使合同问责程序不太有效。

中央政府的压力

第六章说明了中央政府的优先事项在缔约程序中的主导性角色。一个标准得到中央政府压力的强化这一事实，是否有助于购买方有效地进行协商和执行？

在协商阶段，中央压力有助于使一些标准变得"不可置疑"。比如，患者权利宪章中的标准和"效率收益"（一个严格的财务目标）被当事人视为理所当然的，并且几乎不需要任何协商就可以纳入合同，即使提供方常常痛苦地抱怨难以达到这些目标。此外，中央政府压力还提高了提供方遵守标准的意识。如一位经理生动地解释道：

> 如果患者权利宪章的标准没有被记下来，我们不监督它们，不提交相关信息，那么我们就会面临惩罚和违约金。有些人是会被解雇的。

但是中央政府压力有时可能是购买方的"虚假伙伴"。数据显示，当提供方较难履行标准时，他们可能会作弊。样本中的一个社区提供方，在患者权利宪章规定的地区护理的预约时间的标准上，提交了虚假的报告，对于患者应当在两小时之内得到预约的要求，他报告了很高比例的履行情况，但是实际上，该提供方只告诉患者，护士到底是会在上午还是在下午打电话，当患者提出要求时，他们才会给出一个具体的预约时间。护士们觉得这是很充足的服务了，而且提供方也只是选择提交虚假报告而不是改变他们的行为。一个更微妙的回应就是"创造性履行"（McBarnet and Whelan 1991；1997）。这涉及以使标准更易达到的方式来解释标准。这种主张常见于患者权利宪章的要求，即患者应当在到达急救室的 5 分钟内得到初步的诊断。有人认为虽然该标准是要求由经过训练的护士对患者进行诊断，但是许多信托公司认为让接待员与患者接触就是足够的，这样就使得缺少员工的部门更易达到标准。

为什么提供方会以这种方式回应？首先，目标常常难以达到：比如，当提供方没有额外的资金雇佣更多的员工时，他们很难应对增长的等待时间的问题。其次，他们承受着巨大的达到目标的压力。购买方对违反中央目标的行为附加了违约金条款，英国国民健康保险执行机构会在每年的排名表上公布提供方的履行情况（NHSE 1998）。再次，购买方和英国国民健康保险执行机构都无视提供方的理由。购买方这样做是因为英国国民健康保险执行机构要求他们不惜一切代价地保证标准的遵守。[①] 而英国国民健康保险执行机构无视提供方的理由，表现在他们公布的排名表上没有给提供方任何机会对违约进行解释：比如说，过长的候诊时间是因为有高比率的急救情况。提供方不知道为什么他们要为自己没有过错的违约行为承担责任，严格责任对于非法律人而言并不是

---

① 有一些主张认为，就是购买方承受的压力过大，导致他们宁愿"无视"甚至鼓励提供方说谎。

一个很好接受的概念，他们觉得自己没有机会进行解释是不公平的。① 下文对信息的讨论将会证明，当允许提供方做出解释时，他们更可能承认自己的失败。

中央政府压力有助于购买方进行有效的合同协商，但是在合同履行阶段可能会产生不良后果。在这两个阶段都采纳"严格责任"方法似乎既不公平也不起作用：提供方没有机会指出他们未能执行合同条款的原因。

购买方的努力

到目前为止，大多数分析都专注于购买方无法控制或者很难控制环境性因素。但数据显示，购买方可以通过自己的努力来改变问责程序的有效性。一个突出的例子就是费用负责制团体的力量：虽然有时提供方会忽视单个诊所的要求，但是当数个诊所一起行动时，他们很难无视这些要求。本书的讨论将不会专注于那些对于英国国民健康保险来说并不寻常的有多个购买方的情形，因而相对于其他情形来说，可能更易于进行概括。

数据显示，在缔约程序中，如果购买方不付出很多努力，该程序的有效性就会降低。卫生行政机构倾向于设定很多的合同标准，但是只专注于监督执行高优先度的事项，比如财务和等待时间。提供方认为他们可以忽视低优先度的标准：在机构的质量标准方面，B地区的主要提供方付出的努力较少，因为这些标准是否会被监督，或者购买方是否会对违约行为采取行动，都是不清楚的。这些发现使人对合同中规定的低优先度标准是否有价值产生了怀疑。

相反，如果购买方做出了特殊努力，就会产生惊人的结果，这在软性模式中最为显著。许多基金持有者抱怨，在提供方的合同经理和负责提供服务的临床医生之间存在"沟通障碍"，诊所会与合同经理达成一项标准，但是之后发现标准没有被遵守，其原

---

① 这证明了程序公正的重要性，第七章已讨论过。

因可能是临床医生不知道这项标准，或是他们不同意该标准。许多诊所认为这个问题是提供方自身的问题并非没有理由。但是仍有人想出了创新性的解决办法：要求每个科室的首席临床医生签订诊所的合同。一位基金经理认为通过确保临床医生和经理都明确合同要求，就能增强合同的履行：

> 如果你让他们都签字，那么的确，他们会提出一些琐碎的问题，比如……其中有人提出了一点有关他专业的问题……但是这能迫使他们阅读合同……这是值得的，因为这意味着他们会履行自己的承诺。

想要有效地使用劝诫，就需要有这种程度的努力。诊所采纳了软性模式的精神，并试图与提供方建立真正的密切关系。但是因为需要投入的精力较大，所以以这种方式实施的软性模式的例子是很少的。

重要的是，不要由此得出结论认为购买方总要为失败负责。购买方的努力不是总能得到回报：上文对制裁的讨论就显示出这一点。许多员工，尤其是家庭医生，认为他们没有足够的时间在缔约过程中投入更多的努力。而要要求每个人都积极参与也可能是不合理的。

信息的可获得性

对于有效的问责来说，信息是至关重要的。购买方需要知道提供方的谈判地位是否合理，他是否遵守了达成一致的合同，他提出的违约理由，如果有的话，是否可信。但大多数情况下，就信息的可获得性而言，提供方具有所有的优势。

有时购买方有优势信息并从中获益。基金经理使用了自己可能进行的活动所需要的知识，以确保从提供方处获得好的交易，在这个过程中，他们也会得到一些有折扣的服务。一位基金经理通过以下方式以 10 000 英镑获得了价值 55 000 英镑的服务，即同意以较低的边际利率获得较高水平的服务（只有提供方公布价格的 25%）。提供方会同意，是因为他认为诊所提供的服务水平不可能超过这个很多。但是基金经理知道因为镇上正在兴建房屋，所以诊所的名单正在快速增加，并且可以准确预测的是，这些诊所的服务可以很轻易地超过之前协商一致的水平。这种对优势信息的硬性使用方式的唯一缺陷就是，长远地看，购买方的这种获益常常是不可持续的。基金经理承认："所以他们去年不知道这会发生，但不幸的是，今年他们就知道了！"

　　然而，就合同协商阶段能达到购买方提出的标准的潜在能力，和合同履行期间的实际履行而言，通常是提供方享有优势信息。这并不意味着提供方不愿将信息公开给购买方，实际上，他们有很多动机这样做。在合同协商阶段，可以理解的是，他们渴望大家注意到那些他们不能达到的标准[1]，他们设法去确保这些标准不会被纳入合同中。在合同履行期内，提供方有提供信息的财务动机。当合同规定的是特定水平的服务时，提供方需要证明他们是按照该水平履行的合同，以获得价款。如果提供方没有在合同截止日前提供有关服务或等待时间的报告，购买方就会对其适用某种形式的违约金。最惊人的是，如果提供方有机会做出解释，他们甚至会承认自己违约。许多员工只想要诚实，更具体地说，是想要让购买方知道达到他们制定的标准的困难程度。一位经理就是基于这样的原因而欢迎现场视察：

　　　　他们需要到这里来感受一下我们在做什么，这个地方是什么样的，这样他们可能就会理解我们的一些困难，以及为什么我们不能达到标准……我们不能完全做到，但是只要你来感受一下你就能解释为什么你不能做到……

　　提供方希望购买方会尊重他们的开诚布公，并能理解他们确实是在努力地履行合同。

　　但购买方怎样才能确定他们从提供方处获得的信息是可信的

---

　　① 在竞争更强的市场中，因为害怕不能赢得合同，提供方可能不愿承认潜在的问题。

呢？如果当事人之间有真正的软性关系，这并不是个问题，因为购买方信任提供方，并愿意接受他的理由。一位基金经理解释了其对门诊患者等待时间的谈判政策：

> 我们决定只采纳现实的质量条款。如果我们知道他们要9周，那么规定3周就是没有意义的。我们宁愿规定一个他们能够实现的时间周期。

这就表明了很高的信任水平：购买方会认可，提供方能对其现实履行能力做出诚实评估。但这在软性关系中并不常见。

在硬性模式中，购买方会怀疑提供方的主张，并会尽可能地使用独立信息来源以证实这些怀疑。[①] 基金持有者自己也有有关转诊病人的一些数据，这使得他们能够检验提供方提供的有关服务和等待时间的报告。相反，卫生机构缺乏用来证实提供方言论的独立信息[②]，有时他们能够在会议中梳理出一些不一致的地方，但大多数情况下，他们还是依赖于提供方的真实性和诚实。在一个突发事件中，C机构书面告知其所有的家庭医生，让他们不要再将患者转到一个特定的提供方，因为该提供方的报告显示出很高的服务水平，使得该机构要承担支付额外款项的责任。几周之后，C机构不得不再次书面告知其家庭医生，解释那个合同实际上是准确的，而之前的报告是由于提供方的电脑错误。如果购买方不能发现这样的偶然错误，那么就难以预见到他们如何才能发现上文提到的与中央标准有关的故意谎报的问题。

购买方通常不能解决信息不对称引起的纠纷这一事实，使得情况不断恶化。在合同协商阶段，问责理论指出，当被问责者没有反对标准的正当事由时，问责者应当可以强行施加这些标准。但研究发现，只有在标准是中央政府的要求时，购买方才能将这些标准强

---

① 第五章讨论过，在评估购买方交叉审查提供方信息的有效性方面，会产生方法上的难题，在这里同样也是一个重要的注意事项。

② 理论上，没有参与费用负责制的诊所也可以提供这一信息，但大多数都没有复杂的电脑系统来维持相关记录。（实行费用负责制的诊所得到了获得此类系统的特批。）

加于提供方。购买方很少能将生意带到别的提供方处。合同履行期
内，在缺乏调解的情况下，不存在什么权威的方法来确定哪一方对
违约的理解是正确的。在标准是否现实可行方面，购买方与提供方
进行着持续的争论，这样的争论则是紧张关系的持续来源，当然，
这也意味着购买方没能保证他们设定的标准得到了履行。

简言之，购买方从提供方处获得了合理数量的信息，但是当
他们不信任提供方时，则难以判断信息的质量。这限制了他们在
以下两个方面的能力：设定自己认为符合公共利益的标准的能力
和在提供方不服从时执行标准的能力。

小　结

在标准设定阶段，购买方的主要目标就是达成合同，并在其
中规定他们想要提供方履行的标准。但是他们面临着三个障碍：
第一，无论使用何种模式，都缺少使得提供方回应他们需求的方
法。通常情况下，如果他们的要求没有实现，他们也不能实施一
个真实可信的退出威胁。而调解也并没有提供解决这些问题的方
法。第二，由于当事人之间信息不对称，当购买方就其提出的标
准咨询提供方时，是很难检验提供方的投入的。第三，除了中央
政府要求的标准之外，没有明确的例子显示，当购买方认为提供
方拒绝标准的理由不合理时，他能够强加那些标准。当然，这幅
消极的图景也有例外。比如，在提供方担心他们会退出的情况下，
基金持有者可以迫使提供方做出一些让步，在出现的问题并不值
得争论时，卫生机构也可能会这样做。尽管如此，购买方通常还
是处于弱势地位。

在合同履行期内，购买方的主要任务就是保证标准的履行：
有效地执行标准。同样，他们也会遇到一些困难。提供方当然会
满足很多的合同条款，但是英国国民健康保险合同并不带有很强
的义务感，因为提供方意识到违约也不太可能导致调解或者丧失
合同。这就削弱了购买方通过软性模式或硬性模式执行合同的努
力：两种都依赖于（直接或间接地）有效的潜在威胁的存在。而

购买方通常用于缓解自己弱势地位的中间模式，其运用也依赖于通过制裁对提供方造成重大损害的能力。在获取信息以进行监督以及获取对违约行为的解释这些附属目标方面，购买方的确有更多的成就。但是提供方获取信息的优势地位也是很明显的：购买方不愿相信提供方的说明时，是很难核实它们的。

有效性：更宽泛的教训

在每个问责程序中，有效性很明显都是一个需要重新认定的问题。但一些似乎会减弱或增强这种程序有效性的因素，可能会与其他程序相关，尤其是运用比如合同这样相似的方法时。因此值得思考的是，可以采用什么方法来解决英国国民健康保险合同中发现的问题，以及这些方法更广泛的影响是什么。讨论映射出第三章曾阐述过的第二种公法思维，即促进符合公共利益的有效政府行为。

竞争与制裁

如第二章所述，内部合同发生在竞争市场中的可能性相差很大。虽然从理论上说，行政机构潜在地受制于市场测试，在福斯特和普劳顿（1996）看来，这更可能导致适用他们支持性服务的职能，而非其全部的职能。因而许多框架性文件都是在非竞争性条件下达成的。相反，在强制竞标机制下，直接服务组织需要与私人提供方进行竞争以获得合同，并还要与其他提供方就"最佳价值"进行竞争，或至少以此作为履行的标准。因而，英国国民健康保险的发现，可能与一些但并非全部其他类型的内部合同有关。

就文献的初期研究反映出来的竞争较弱的问题而言，解决方法之一就是软性模式的合同关系。软性模式依赖于建立关系密切、相互信任的联盟，其中购买方使用劝诫并帮助提供方履行合同，这似乎提供了一种不退出或不以退出作为威胁的履行合同的方法，但英国国民健康保险的数据突出了这一观点的根本缺陷。提供方仅在以下情况下才会积极地回应购买方的劝诫，即其认为购买方是有价值的顾客而应关注其要求时。购买方维持此种地位最明显的方法就是，当提供方不遵守标准时，强调自己会将合同带往别处。在不能退出时，购买方可能也可以有效地进行劝诫：比如，一个后续阶段的机构可能会担心，如果自己不能完成目标就会招致负面报道。但是就英国国民健康保险的证据而言，当购买方用退出作为潜在威胁时，软性模式似乎最有效。

通常情况下，英国国民健康保险购买方会选择被称为"中间"模式的执行模式，其中他们会使用除了退出之外的制裁来执行合同，这能够提供一种有用的能推广适用于其他内部合同的模式。① 英国国民健康保险的数据显示，想要其制裁有效，购买方需注意两个关键的原则。第一，从表面上看，制裁应对提供方产生重大的损害。这一点似乎是很明显的，但值得注意的是，在英国国民健康保险中，购买方对什么是严厉的制裁的理解并不必然与提供方一致，与此同时，这一点可能也难以满足：提供方可能会拒绝签订规定有非常严格的制裁的合同。② 第二，购买方必须非常确定违约责任应由提供方承担，并且能够使其正确履行合同。当制裁不能鼓励履行时，避免使用制裁就变得很重要，因为不成功的制裁会对当事人的关系造成很大的损害。第七章所阐述的遵守程序公正的原则，尤其是在实施制裁之前给予提供方听证机会的原则，都有助于减少这一风险。当提供方认为违约金能得到公平适用时，他们更可能倾向于同意一个规定有违约金的合同。

调解和仲裁

乍一看，有关调解的调查结果，似乎是英国国民健康保险数

---

① 当然，私法中的违约金条款并非全都具有执行力（Treitel 1999），所以将这些发现推广适用于不能执行的内部合同之外的情形时，需要额外注意。

② 英国国民健康保险提供方通常没有选择，只能与当地的卫生机构签订合同，但是当他们觉得基金持有者的要求不合理时，有些的确会拒绝与其缔约。

据中最具体的一方面。因为第二章讨论过的其他内部合同都完全不具有执行力，所以很难从这个独特的纠纷解决机制中得出一些一般性的教训。但英国国民健康保险的经验是值得进一步研究的。

英国国民健康保险的数据表明，纠纷解决机制的功能之一，甚至可以说是一个内部功能，可能就是有助于当事人将其合同视为有约束力的。英国国民健康保险的经理意识到（除了缺乏有效退出威胁之外），并不存在对不履行合同的"法律"制裁。此外，即使在运用调解时，地方办公室也是选择妥协的解决办法，而非明确判定是非的做法，这更使得当事人的协议变得不相关了。这一发现确认了第三章就这一点所作的预测。

英国国民健康保险数据显现出来的另一点就是，长期合同的双方当事人之间确实需要一种易进入的纠纷解决机制，尤其是当退出是一种选择时。这点在以下几种情形中都是相关的：行政机构的框架性文件，公共服务协议，以及缺乏外部竞争的地方政府合同。与英国国民健康保险一样，这些情形下的长期关系，都有可能因提供高度复杂的服务的某一方面产生的纠纷而恶化[1]，因而一种易进入的纠纷解决机制在这种情形下就可以发挥安全阀的作用。[2] 如果双方当事人都愿意接受第三方的判定，那么他们就能把这件事抛诸脑后并努力重建他们之间的关系。但这并不必然意味着诉讼就是答案：正如第三章所解释的那样，诉至法院的开销及其正式性本身就存在问题，并且文献中也有大量记载指出，缔约当事人不愿进行诉讼（Beale and Dugdale 1975；Macaulay 1963）。英国国民健康保险经理同样也不愿去法院，但的确表示更易进入的调解可能是有帮助的：

> 我们不认为调解和仲裁会让我们变成敌人……它的意思是，系统已经打败了我们，我们没有其他地方可去，我们已

---

① 通常，违约并不足以合理地终止合同：比如，存在问题的条款仅仅是众多的合同质量标准之一。

② 注意，对在合同协商阶段别无选择只能签订合同的当事人而言，英国国民健康保险的调解系统起到了安全阀的作用。

经尝试了所有能尝试的……我们需要一个旁观者。

所有迹象都表明，内部合同的永久性纠纷解决机制在其是非正式的和易进入的前提下①，将会是一个很好的发展。

中央政府的压力

从表面上看，似乎"中央政府"压力总是内部合同的一个因素。在地方政府中，因其与地方的责任有潜在的冲突，所以制造了特殊的紧张关系。但即使是处于中央政府最高级别的内部合同，也要受到财政部的财政规定、国家审计局可能的审查以及因公共服务而问责于议会（尤其是专门委员会）的影响。

在英国国民健康保险中，服务的上级部门制定的特定目标，有助于购买方就其达成一致：提供方知道它们是不可协商的。但当提供方发现标准难以到达时，中央压力会增加谎报或创新性履行的风险。提供方倾向于隐瞒违约行为，因为无论他们是否有错，他们都面临着比较严厉的处罚。对此，一种可能的回应就是，主张因为提供方已经同意了这些标准，所以严格地执行标准是可接受的。但是这一主张被一个事实所削弱，即提供方在协商阶段别无选择，只能接受标准。甚至于在任何阶段提供方都没有机会去说明标准可能或是真的无法达到。

对创新性履行的一种常见回应就是，把标准起草得更精确，以期弥补漏洞。但是麦克巴内特（McBarnet）和惠兰（Whelan）（1991；1997）在研究会计法规时，明确指出立法者是不会愿意这样做的。他们认为，详细的标准会为创新性解释和规避提供更多的机会。相反，立法者应当使用更难以被曲解的宽泛的原则，如此才更可能抓住越轨行为。然而，在英国国民健康保险中，主要的问题并非提供方不坦率，而是要达到要求的标准是很困难的：许多（虽然可能不是全部）提供方如果有能力履行标准，他们是

---

① 更多有关替代性纠纷解决机制的介绍性文献，见 Freeman（1995）；Smith（1996）。

会履行的。

　　因而问题似乎不在于起草，而在于标准的协商和执行。如果提供方有机会对欠佳的表现进行解释，比如在英国国民健康保险执行机构公布的排名表中加入他们的理由，他们也许会更愿意承认在标准上的违约。之后购买方就可以与提供方，就可以做什么以提高他们的履行水平进行探讨。当然，由于信息不对称，购买方是难以对提供方的理由进行评估的，但这似乎要比完全隐瞒违约要好一些。或者，购买方可以就中央标准的具体细节与提供方进行协商，给予提供方在同意标准之前表达反对意见的机会，如此一来，标准就能得以严格地执行。任何一种解决方式，都需要更多的中央灵活性：无论一个特定标准多么重要，强制地并严格地执行它可能都不是最佳的使提供方遵循它的方法。当然，欺骗是不可能完全消除的，但是中央的灵活性确实有助于缓解这个问题。

购买方的努力

　　显而易见的是，问责者投入问责程序中的努力是会影响到其成功与否的。相对于漠不关心的保守者而言，积极创新的问责者会得到更多。但怎样才能将这点转化为实用的建议呢？

　　明显的困难在于，努力是难以量化的。理论上，一定会有最佳的努力水平，但实际上，却不能说为达到最佳问责，基金持有者就需要每周都投入一定量的时间到问责程序中，并要以特定的方式使用这些时间。尽管如此，对问责程序是否得到了足够的资源这一问题，还存在争论的空间。比如，在英国国民健康保险中，购买方（尤其是卫生行政机构）被要求缩减管理成本，其方法之一就是减少监督质量标准的人员。但由于这限制了对提供方提供的服务在质量上的问责程序，因而也限制了合同的价值。也许这是一个可接受的交易，但至少应当就预算减少对问责的影响进行辩论。

　　除了增加问责程序中的投入这个一般要求外，研究还强调了有关增加合同问责程序的投入中更为特殊的一点。合同起草方面似乎有一个趋势，即认为购买方应当在合同的协商和起草中投入一定的努力。① 一旦签订合同，问责程序就会"建立并运行"，就不需要太多的注意。这一趋势既有现实的原因也有政治上的原因。相对于合同管理而言，合同协商可能更具体、更有技术性。并且，通过强调不需要精细化的合同管理，政府就能够强调合同化能节省行政支出（比如，见 NHSME 1990：第 5.26 段）。但英国国民健康保险的经验显示，忽视合同管理是错误的。确保合同的履行，尤其是在不受竞争压力影响的长期关系中，是一个劳动密集型的程序。合同管理是一个关键性的任务。

　　从英国国民健康保险数据中还可以知道，在技巧和积极性方面，购买方，尤其是基金持有者相差很大。期待所有的购买方都高度信守计划也是不合理的。但是有关找到分享好的实际履行的方法方面，还是有很多可以说的。审计委员会为此在英国国民健康保险和地方政府中做出了一些努力，就中央政府而言，外部由国家审计局发挥相似的作用，内部则由内阁办公室和财政部发挥该作用。这有助于确保经由积极分子尝试和检测过的创新能用于"一般的"购买方。

信息的可获得性

　　信息不对称是合同中的常见问题（Williamson 1979）。相对于购买方而言，产品或服务的提供方了解更多有关成本、标准、履行等方面的信息。这个问题在内部合同中更加严重，因为许多这样的合同规定的是为第三方或社会公众而非购买方自己提供服务。当购买方并非消费者时，监督则更难进行。

　　硬性和软性模式对此提出了不同的解决办法。在硬性模式中，购买方应当努力审查提供方提供的信息。英国国民健康保险的数

---

　　① 比如，NHSME（1990），英国国民健康保险购买方的早期指导文件，主要讨论了合同协商程序和起草的问题。

据显示，即使他们没有独立的信息，卫生行政机构也可以通过与提供方进行讨论，梳理出书面报告中有缺陷和不一致的地方。购买方还可以利用专家的帮助：A 地区的费用负责制团体整合资源，雇佣信息专家来审查提供方的服务报告。在软性模式中，购买方不需要进行这样的审查，因为他与提供方之间有密切的关系，其中信息是共享的，并且当事人之间彼此信任，因而成功制定合同就是一个很好的解决办法。在硬性模式中各种"监督"方法同样重要，但这些方法的目的都在于建立和维持当事人之间的密切关系，而非检查提供方。但两种模式真正的问题在于，它们都需要投入大量的精力。在英国国民健康保险中，这减少了除积极的购买方之外的其他人完全实施它们的可能性，也导致英国国民健康保险的数据显示不出一种模式比另一种更有效。

有趣的是，如果英国国民健康保险的市场能够更具竞争性，信息的获取是否能够更容易也并不明确。如果提供方受到失去合同的威胁，他们可能更倾向于对购买方隐瞒信息，尤其是有关违约的信息。经济理论表明，在信息不对称的问题比较严重时，将购买方与提供方合并将会更有效率（Williamson 1979）。但很难说英国国民健康保险的购买方遇到的问题是否属于"严重"。此外，信息不对称的问题必须与市场交易上的优势相权衡，而该优势则会在纵向合并中丧失。不过，对于合同化政府来说，英国国民健康保险是否合适的问题是不在本研究范围之内的。

小　结

本研究提出了数个重要的建议，都可能有助于促进合同问责程序的有效性：

● 竞争较弱情况下是难以完全实施硬性模式或软性模式的。为使合同有效，中间方法则需使用制裁，这种制裁必须是在明确提供方要为违约负责，并能改正它的情况下使用的，能对提供方产生作用的制裁方式。但是还有一些需要注意：如果购买方试图强加执行措施，提供方可能会拒绝签署合同。

● 纠纷解决机制可能有助于使合同具有约束力，并且通过解决长期关系中有关履行方面的棘手问题，可以使合同更有效。

● 中央施予购买方和提供方实现特定目标的压力需要适度，这样才能为讨论达到目标的可能性留下一些空间。否则，提供方可能会撒谎。

● 有效的责任机制需要投入资源。在合同中，这种投入既应用于合同管理也应用于合同协商。应当鼓励购买方分享好的做法。

● 信息不对称问题是难以解决的，但可能会因硬性模式和软性模式提供的策略而有所缓解。两种策略都需要购买方投入大量的精力。

总之，值得强调的可能是，确保合同中的问责者能够有效地履行职能的重要性。英国国民健康保险购买方的经验，影响着他们对通过合同能够实现什么的理解。那些结合自己的努力和有利的形势获得很多成功的购买方，是很积极的。一位基金持有者评价道："有资金的确会有很大不同，因为……他们需要知道他们是在为我们工作，患者并不住在医院。"并不惊人的是，那些有不好经历的购买方持有的观点则完全不同。以下就是一位别无选择（由于地理上的原因）只能与样本中回应最不积极的提供方之一签订合同的首席家庭医生的评语：

> 如果我找到提供方说，我想以特定方式缔约，他们真的不能处理……所以我们对合同真的不需要非常有想象力，因为这会是浪费时间的。

如果不能实现问责目标是因为问责者缺乏必要的权威，就可能会降低问责者改善问责程序的意愿。这会产生一个恶性循环，即投入的少，得到的当然也少。对于受影响者而言，这种结果不可避免地具有毁灭性，并导致问责的明显减少。因而有效性至关重要，不能只凭运气。

第九章

总结和展望

————◆◦◆————

本章并不打算起草一个准备实施的内部合同法案，但总结了本研究通过公法规制、执行内部合同的提议，不过，承认这些提议在解决问题的同时也引起了许多问题也是很重要的。其中一个主要的问题就是，建立在英国国民健康保险经验上的提议，在多大程度上能被推广适用于第二章所探讨的部分或全部的其他内部合同。本章的第二部分将会讨论这个问题，即利用现有的实证数据，确定需要进一步研究的问题。还有一个更宽泛的问题就是，本研究的提议是否与第一章讨论过的部分或者全部的政府与私人主体之间的合同相关。本章的第三部分将会就该问题的实证和理论方面进行简要的探讨。最后将以制定由本研究所引出的研究日程来结束：这涉及对研究结果的推广进行测试，和完善与发展研究方法。

关于公法上的内部合同

本研究试图证明的是，在将内部合同作为公平有效的问责机制政策的基础上，为内部合同创设一个公法规范框架，将有助于促进合同化的成功。本节总结了研究为新规则提出的具体提议，并回顾了选择将公法作为发展路径的正当理由。

研究的提议

1. 购买方应当具体考虑合同与其他适用于提供方的问责程序之间的互动

除了购买方的合同之外，提供方总是受制于问责机制。购买方或许可以简单地复制其他问责机制，或者，另一种极端情况是，他们可以忽略合同中一些问题，因为这些问题已在其他的机制中得到处理。本研究确定了几个与购买方的决定相关的因素：

- 其他问责程序是否有效运行？
- 若否，合同能否被用来强化或者替代它？
- 依赖其他问责程序能够带来何种收益？
- 有效性能否正当化复制或者强化造成的交易成本？

如果其他被考虑的问责程序也是合同，则有两个进一步的因素，与购买方决定是否与其他购买方合作相关：

- 与其他购买方合作能否增强谈判力？
- 团体的方法是否会不当地阻碍购买方追求其特别关注的事务？

2. 对其各自的职责，当事人应当协商一致，并做出一致性的行为

合同并没有为确定当事人的职责提供一个简单的解决方法：不管是在硬性还是软性的合同关系模式中，购买方都会试图详尽地规范提供方的服务。在当事人的职责方面，不应该引导他们去相信有"客观的"定义，相反，应当鼓励他们就此问题进行协商以达成一致。一旦达成协议，当事人就应当做出一致性的行为。如果购买方习惯性地与提供方合作或者设法详尽地规制其行为，那么即便是遇到困难的问题，他也应当继续这样做。如果购买方倾向于将大量的裁量权留给提供方，那么即使提供方表现不佳，他还是应当继续这样做，除非有必要采取强制措施。如果提供方平常都欢迎购买方参与，那么即使是出现了问题，他也不应当抗拒这样的参与。如果提供方希望在特定的问题上保有裁量权，他应当与购买方协商。

3. 有效的授权要求购买方有时间和动力来追求他们自己在合同中选择的事务

在英国国民健康保险中支持合同化的主张之一就是，购买方有回应地方需求的自由，并能就其购买活动向中央负责。研究发

现，在给予购买方裁量权并鼓励他们使用方面，时间和动力是关键性因素。很明显的是，购买方是否有足够的时间来解决特定问题是难以确定的。不过，虽然这一因素难以作为硬性规则的基础，但是，比如，当购买方抱怨他们没有足够的时间完成自己的计划时，政府就可以考虑该因素。

然而，动力更容易产生具体的规则。本研究提出了三种可能的方法来鼓励购买方追求本地的优先事务：

● 依赖他们的自利倾向来引进标准，而非依赖中央设定的标准，虽然从某种意义上来说，后者可能更易达到；

● 使用中央问责来要求他们在合同中追求一些地方优先事项；

● 迫使他们受制于有效的对当地社区负责的问责机制，通过这些机制，他们可能会因追求地方事务而被问责。

最后的选择似乎是最吸引人的，但需要发展出规则以解决中央与地方需求之间的冲突。对此问题还需要进一步的研究。

在这一背景下，还需要遵守透明度的要求。在英国国民健康保险中，购买方有着各种各样正式的自治标记，虽然实践中他们的行为严重地受到中央要求的影响。购买方和中央政府都要对患者和公众负责。但如果局外人不能区分购买方和中央政府各自的责任，那么他们就不能向任何一方问责。因此，购买方与中央之间关系透明是很关键的。

4. 购买方应当在其与提供方的关系中遵守自然正义的要求

（a）购买方应当尊重协商一致的核心价值，除非提供方不合理地反对问责程序的一些方面

合同的合理性来源于一个事实，即当事人同意他们被施加的义务。因而对于合同来说，适当的公平规则就是那些促进当事人达成一致的规则。但在一些情形中，有效的问责可能会推翻这一规则，因为它要求（如第四章所证明的）问责者拥有更优越的谈判权，如此一来，才能在提供方不服从时，为公共利益而将标准强加于该提供方。下面将提到其他程序公正的规则，都是依据该原则产生作用的。

（b）当事人之间有软性关系时，他们应当遵守相应的程序公正规则：

● 合作协商（只要一些购买方主动的需求允许）；当事人在协商中共享信息的义务；不需要提前设定明确的标准（但如若当事人认为需要设定明确标准亦不禁止）。

● 提供方承担为监管目的提供信息的义务。

● 购买方在执行阶段考虑提供方的解释和理由的义务，与提供方承担连带责任以解决导致违反标准的问题。

（c）当事人之间有硬性关系时，他们应当遵守相应的程序公正规则：

● 不故意隐瞒相关信息的咨询性协商；提前设定明确具体的标准作为行为指导。

● 当被要求为监管目的提供相关信息时，提供方有义务提供相关信息。

● 购买方有义务提前通知将要适用的制裁，并提供提供方得以进行解释说明的听证。

当合同关系处于两种模式之间时，购买方应当遵守两个核心的公平原则。一个是以硬性方式解决的问题应当明确区分于以软性方式解决的问题：在英国国民健康保险中，常见的是，财务经理对财务问题使用硬性标准，质量经理对质量问题使用软性标准，如此便能区分员工和对象。另一个是提供方应当知道如何使用标准：比如，违约的理由能否被接受。

5. 内部合同系统应当以促进有效性的方式进行设计

（a）当事人之间的纠纷应当有可获得的解决机制

英国国民健康保险忽略了这个简单的建议，并带来了灾难性的后果。它（与竞争压力这个弱点一起）导致提供方有一个整体性的印象，即合同不具有约束力。这意味着，当提供方和购买方被困在长期关系中时，他们没有办法解决纠纷。

如第三章所讨论的那样，"可获得性"这个概念意味着，纠纷解决机制应当满足一系列的附带标准。第一，它的使用不应当被认为是污点。比如，如果当事人不能自己解决问题，他们不应当被指责说作为经理他们是失败的。第二，机制的运行成本应当较低：允许内部合同进行诉讼的一个劣势就是，诉讼必然会导致成本增加。对于当事人来说，这些成本会增加他们进入该机制的难度，并使当事人受到浪费公共资金的责备。第三，它应当是非正式的，并尽可能是非对抗的。当内部合同的当事人别无选择而只能与对方缔约时，最容易产生纠纷，因而，机制的设置应当有助于重建关系。第四，机制应当由合适的有资格的专家来运行，因为内部合同可能会引起非常复杂和多中心的问题。在进入该机制的限制被消除的前提下，英国国民健康保险的调解仲裁机制即可作为一种模式。

（b）中央对购买方和提供方施加的实现特定目标的压力，应当允许就实现这些目标的可行性进行讨论

研究表明，虽然中央压力能鼓励提供方同意标准，但如果其无法达到该标准，则会诱使他们谎报结果。在合同协商阶段和合同履行期内，对提供方强加标准，而不允许争论，则会产生不良后果。

（c）购买方和提供方应当有充足的资源来实施合同问责程序

与上文讨论的充足时间问题一样，量化问责所需的具体资源也是很难的。这一原则不能是硬性的，但它的确引起了对问责成本进行讨论的关注。没有投入就没有问责，但对于一个成本高于核算的服务的问责程序，也没有什么值得称赞的，因而必须在两个极端中达到平衡。在合同的背景下，资源分配给更显眼、更吸引眼球的合同磋商环节的同时，也要分配给合同管理环节。合同一旦签署就能够"自行运行"是不可能的。

6. 购买方应当采纳能最大化合同作为问责程序的效力的策略

在竞争市场中，在执行购买方要求方面，硬性和软性模式提出了不同的策略。硬性模式采用强势的谈判态度，并且，在提供方不能达到标准时，购买方会有将合同转给其他提供方的意愿。软性模式采用合作的方式进行协商，以劝诚方式促进履行，与此

同时，如果提供方损害信以任关系，购买方就会以带走合同作为潜在的威胁。在克服合同中长期存在的信息不对称问题方面，两种模式也提供了不同的方法。在硬性模式中，购买方会将提供方的信息与尽可能多的信息，尤其是与那些独立于提供方的信息，进行交叉检查。在软性模式中，购买方会试图与提供方建立信任关系，其中大量的信息都是共享的。由于大多数情况下，合同并非是在明显具有竞争的条件下订立的，当前的研究并没有收集到足够的信息，以评价两种模式的相对效力。在其他背景下对这一问题进行进一步研究，可能会提出更多具体的建议。

　　然而，英国国民健康保险的研究可以用来在竞争较弱的市场环境中提出有效性的原则。此处最好的选择就是中间模式，其中购买方使用除退出外的其他制裁以执行它的要求，比如罚金条款或者部分退出。当这一模式依照以下的原则被谨慎使用时，它也会是有效的：

　　● 必须使用对提供方而言具有重要性的制裁，否则它就会被忽略；

　　● 但购买方不能使用过于严格的制裁，因为提供方可能会拒绝签署合同；

　　● 在实施制裁之前，购买方必须确认违约责任由提供方承担，并且提供方也能够纠正错误；否则罚金将不能达到使之履行的目的，提供方也会对这种强加的制裁感到愤慨。

　　当然，确定是否应由提供方承担违约责任可能是困难的，但购买方至少应当运用公正的程序帮助它做出准确的判断，比如举行听证，或者要求提供方提出书面解释。

　　在一些情形下，购买方也有可能通过自己的努力提高谈判地位。更有经验的英国国民健康保险购买方能在软性模式中策略性地结合使用罚金条款和大量的精力投入，以使提供方注意到他们的要求。如果能在不同的购买方之间采取更有效的分享好的做法的方法，那么其他人也能复制这些成功。

回顾基本假设

这些提议是在两个关键假设的基础上发展起来的：规制和执行是内部合同的适当理念，公法可以成为大量新规则的来源。第三章在理论层面对这两个假设进行了辩护；这里将在实证证据的基础上对其进行重新评估。

如果将内部合同视为政府提供公共服务的象征性声明，那么规制和执行可能就是不合适的。提供方不能履行合同将不会带来任何真实的后果，也不能限制购买方修改条款的能力。第三章表明，这种主张与改革者的原意并不相符，它也没有对改革提出一个令人满意的事后解释，尤其是考虑到实施它的成本时。

实证证据强化了这种主张是错误的这一观点。研究中大多数接受采访的经理并没有视英国国民健康保险合同为纯粹的象征性文件。购买方都特别清楚合同并不总能得到满足和履行，但他们的行为方式表明，他们希望合同是有约束力的，他们希望达成一致的标准对提供方而言是现实的，当提供方不能履行标准也不能提供合理解释时，他们会感到失望；当他们不能对"不服从"的提供方执行标准时，他们会感到沮丧。当然，可能有人主张这并不能证明什么：受访者只是在回应伴随着改革的市场化，如果合同被作为象征性的文件，他们的行为则会完全不同。然后，虽然这可能会减少他们的挫败感，但作为一种解决方法它仍然是有问题的。行为的改变并不会使合同更有效：的确，通过降低经理对合同能实现的目标的预期，可能会进一步弱化合同。如此就更难正当化为象征性的目的投入缔约程序中的时间和精力（研究发现投入量是很大的）。考虑到员工愿意采纳一些与缔约机制相关的观点，政府没有更全面地实施这一机制是很遗憾的。

如第三章所述，有两种可能的路径规制和执行内部合同：公法或私法。公共主体间的关系通常由公法规制，但涉及政府的合同关系，通常由附加了少量公法规则的私法进行规制。选择路径并非易事。但由于本研究并非为比较公法和私法的路径而设计，因而并不能解决这一争议。但实证证据从两方面支持选择公法。

首先，证据表明实践中的确存在第三章预测的问题。购买方和提供方需要一个易进入的纠纷解决机制。购买方需要有惩罚提供方不履行合同的行为的权力。提供方需要自然正义规则所提供的保护。第三章主张相对于私法而言，公法具有更多处理这些问题的优势。如果数据显示这些问题在实践中并没有发生，那么用公法作为解决方法的吸引力也将大打折扣。但实际上并非这样。

其次，英国国民健康保险的数据显示，一些缔约方的确遇到了私法难以解决的问题。"合同履行"就是这样的问题，即：政府能在多大程度上用合同来强化其他问责机制。在私法中，运用合同的目的以及合同所包含的条款，都主要是当事人协商的结果。法院有各种权力来否定不公平的条款，但由于这些权力意在保护面对格式合同的消费者，因而似乎难于运用到内部合同中。相反，公法则更愿意控制政府行为的目的。目的不正当原则允许比较授予政府特定权力的理由与其在特定情形中的使用。的确，合同背景下使用此种权力的先例，只对提倡合同履行给予了非常有限的支持①，但这是可以通过如下方式进行补救的，即对缔约中何者可视为"正当目的"设定明确的法定指南。公法还能够通过"不相关考虑"原则控制公法主体考虑的因素。如第六章所述，这提供了一种方法，以确保购买方在特定情形中也能对使用合同履行进行成本—收益分析。因此，虽然合同的公法规制还有待发展，但公法的一般原则至少能作为合适的原则性载体，以承载更多的具体规则。

更根本的是，本研究解决了第三章提出的处于核心的方法论问题。因为公法方法不如私法方法明确，所以不能简单对比内部合同的公法方法和私法方法。但本研究现已对内部合同的公法规制提供了大量的内容，当然不能说它是全面的：它只将问责作为指导性政策。但尽管如此，它为比较提供了更坚固的基础。内部

---

① R v. Lewisham LBC, ex p. Shell, 1988 1 All ER 938.

合同的公法规制不能再仅因其太模糊不适合讨论而被忽略。

更广泛的含义之一：内部合同

任何归纳实证发现的努力都不可避免地具有推测性。虽然不能说对其他内部合同的研究会产生与英国国民健康保险相同的结果，但是可以通过审查其他内部合同现有的证据来提出值得进一步研究的问题。此处的讨论将会关注续阶计划的框架文件和强制竞标机制下的地方政府合同，因为可以利用这些领域已公开的实证研究结果。到目前为止还很少有关于公共服务协议的，或者"最佳价值"给地方政府内部缔约带来的变化的证据。

第六章对购买方和提供方职责分离的调查就得到了续阶计划文献的启发。第三章已详细讨论过这些文献，其中可以看出已经有国有化工业的经验表明部长们不会尊重行政机构的自治，相反他们会干预"操作性"事务。英国国民健康保险研究发现的问题与此截然不同。有时购买方的干预是不受欢迎的，因为这表明对提供方解决问题的不信任；而有时购买方不愿参与也会受到埋怨，因为这表明购买方不愿意帮助解决有难度的问题。

这些发现提出的一个问题是，续阶计划背景下的这个问题是一个持续性干预的问题，还是一个选择性干预的问题。就现有的证据而言是很难做出判断的，至少一些行政机构似乎已获得了实质性的独立。允许行政机构的首席执行官书面回应有关议会的问题（Evans 1995），已经限制了部长们参与行政机构事务的机会。但是评论者认为，行政机构独立的关键问题在于，行政机构的工作所具有的政治敏感性程度（Greer 1994；Zifcak 1994）。Greer（1994：88）举出了一个部长参与的明显属于操作性事务的例子，即设置地方社会保障办公室，因为其中员工的安全和客户的隐私具有政治上的争议。一些主要的行政机构，比如监狱部门[①]，可能

---

① 关于这一点，见 Foster and Plowden（1996）；众议院公共服务委员会（1996）。

在全部或大多数时间中都具有政治上的敏感性；其他的行政机构可能就只在下述两种情况下才会具有政治敏感性，即出现问题或者政治上的优先事项改变时。这意味着一些行政机构可能受到持续性干预，其他的则可能遇到与英国国民健康保险一样的选择性干预的问题。当然，这个问题还需要进一步的研究。

在地方政府缔约过程中，有证据表明存在续阶计划文献所预测的持续性干预的问题。一些合同，尤其是为"蓝领阶层"提供服务的合同，是非常精细和规范的。文森特-琼斯（Vincent-Jones）（1994b：222-3）描述了一个清洁服务合同，其中对不同种类的需予以清洁的表面规定了非常具体的不同任务（擦亮、拖洗等等）。但这可能并不适合于所有的合同：那些为"白领"提供的专业服务的合同，比如法律和人事工作，可能与英国国民健康保险合同更相似。考虑到工作的复杂性、专业性，合同可能更关注财务和程序上的标准，而非有关服务本身的实质性标准（见Walsh等1997：64）。另外，此处产生的也是选择性干预而非持续性干预的风险。地方政府合同则更为复杂，因为其可能受到民选议员及合同日常管理官员的"干预"。一些直接服务组织似乎喜欢躲在合同后面，以避免干预（可能会导致对由更爱声张的议员代表的领域的不公平的优待），但是民选议员反感运用合同化的努力，因为这会使得他们更难解决各自面临的问题（Walsh等1997：128-39）。这为选择性干预提供了进一步的可能性。

第六章中英国国民健康保险数据展现出的另一个惊人的特征是，中央政府决定的优先事项对购买方行为的支配程度有如此之高，虽然在修辞上是说授权给地方。对地方政府而言，这个问题似乎也是很重要的。沃尔什（Walsh）等（1997：64）评论道："在我们案例研究的大多数站点中，相关政府部门设想的参与缔约的方式，与他们真正参与时所受到的限制之间存在着紧张关系……这是地方政府提供服务的框架性文件规定过于具体的后果。"研究至少确定了两个问题。第一，因为要公平对待所有的投标人，政府不得不引进相对正式的购买方/提供方相分离的机制。

这使得直接服务组织赢得合同之后，难以与政府维持信任关系。第二，为了防止有人认为他们偏向直接服务组织，政府认为自己有责任将合同授予那些价格更便宜的私人提供方，即使各个投标之间的差异很小，且存在对私人提供方提供的服务在质量方面的质疑。

产生这些困难的原因在于，强制竞标机制立法对政府规定了严格的程序限制。有趣的是，新的"最佳价值"计划通过去除强迫行为因素放松了这些限制，但似乎施加了明显的实质性限制。如第二章所述，每五年的最佳价值服务评审[①]中的四个因素之一，就是比较服务于地方和服务于国家的绩效指标。[②] 对地方政府而言，国家服务标准并不新鲜，在强制竞标机制下，审计委员会制作了一个年度政府服务排名表，但依据最佳价值，国家服务标准与立法机制结合得更紧密。这产生了一种明显需要进一步研究的可能性，即地方政府在最佳价值下的内部缔约，会像英国国民健康保险缔约那样，严重地受到中央优先事项的主导。这与行政机关对地方选举的民主问责机制不能很好地契合。

在最一般的层面上，英国国民健康保险研究在关系和公平上的发现可能与所有内部合同都相关。在地方政府层面上，可以预见到的是其内部的合同化会产生软性关系，因为当事人之间的合同期限会相对较长，而且他们之间是会有先前的私人关系的。然而实践中，与英国国民健康保险一样，情形会更为复杂。政府倾向于较严格地起草合同，以防招标程序导致合同被授予未与他们建立信任关系的私人提供方（Walsh 等 1997：135）。如果这时政府试图对直接服务组织适用严格的合同条款，则可能会引发他们关系中的"低信任螺旋"[③]（Vincent-Jones 1997：157－9）。这表明英国国民健康保险研究有关在混合使用硬性和软性模式时如何

① 1999 年《地方政府（最佳价值）绩效计划与评论命令》第 5 条。
② 1999 年《英国国民健康保险与社区保健法案》，第 4 条；2000 年《地方政府（最佳价值）绩效指标命令》。
③ 这一术语来源于 Fox（1974）。

公平地行为的提议，也能为这种情形提供一些帮助，比如，确保提供方知道合同的哪些部分将严格实行，哪些有待协商。

更一般地看，英国国民健康保险的研究还表明，公平原则可适用于硬性和软性这两种极端情形下的关系。有证据显示，其他内部合同中也存在这两种类型的关系。在地方政府层面上，很多都取决于政府在内部区分购买方和提供方职责的方式。文森特-琼斯（Vincent-Jones，1997：154）发现，当购买方和提供方处于同一部门，或至少有相同的管理结构时，高水平的信任和合作（导致软性关系）就能得以维持。如果政府试图正式区分两种职责，就容易产生冲突，因为当事人会想要采取机会主义行为，而非合作完成共同的目标。依据现有的数据，很难具体地说在这种背景下硬性和软性模式中的当事人是怎样对待彼此的，但是模式的出现表明，英国国民健康保险研究中的程序公正原则可能也会有适用的余地。

对实证调查来说，特定内部合同的有效性是一个非常重要的问题。但在英国国民健康保险数据的基础上确定的各种因素，可以为这一探索提供一个好的起点。如第二章提到的，内部合同因其产生的市场的竞争程度的不同而有所不同。由于各部门都试图从资金的"蛋糕"上分得更大一块，所以公共服务协议可能会有竞争性的因素。在地方政府方面，从理论上说，合同是经过竞争性程序才授予的，但事实上，一些合同可能仅有很小的竞争或者没有竞争。有关机构的框架性协议的协商，可能是在完全不存在真正竞争的情形下进行的。由于缺乏竞争而导致的有效性问题，也可能在其他的内部合同中发生。

在英国国民健康保险中，为鼓励提供方履行合同，使用了各种类型的自助策略（最常见的是罚金条款）。而在公共服务协议中，这种可能性已经明确地被排除：它们适合于软性模式，而非中间模式。但在其他情形下，自助策略是会起作用的。甚至在强制竞标机制中，竞争性压力也是周期性的而非长期存在的，所以政府认为有必要运用罚金以确保承包商在合同履行期间达到质量标准，比如，如果一个直接服务组织没有通过政府的审查，那么政府就有可能会从其月收入中扣除一部分（Vincent-Jones 1994b：224），因而英国国民健康保险研究中有关公平、有效地使用罚金的建议就可能有所帮助。在一些合同中，政府通过进行自己的审查来收集有关违约的有效信息（由一个承包商代表陪同）（Vincent-Jones 1994b：224）。在其他合同中，政府的监督则不那么有效：允许私立学校自己决定房间是否按要求保持了干净，因而可能并没有足够的客观数据以支持适用罚金（Walsh 等 1997：135）。因此，本研究的提议，即购买方应当在做出罚金制裁之前调查具体情况（通常是为提供方举行听证），在这种情况下可能也是相关的。

比较英国国民健康保险合同和其他的内部合同，（第二章提到的）区别在于英国国民健康保险机制对纠纷规定了仲裁。事实上，能否进行仲裁对当事人的行为并没产生什么影响：他们非常不愿意使用这一机制。有趣的是，有证据显示地方政府也同样不喜欢这种纠纷解决方式。文森特-琼斯（Vincent-Jones，1994b）解释道，内部强制竞标机制合同中的纠纷，是由地方政府的高级官员或者在问题非常严肃时由第三方进行仲裁的。但是，他的案例研究中的政府认为仲裁程序成本过高并且浪费时间，因而逐渐开始不鼓励这一程序（Vincent-Jones 1994b：225）。英国国民健康保险的数据显示这种策略是有问题的：当当事人之间产生真正的纠纷时，更好的可能是为他们提供一个易进入的解决纠纷和重建信任关系的方式。

强调本章开端所述的一点是很重要的：有关英国国民健康保险的发现，不会自动地与其他内部合同具有相关性。但现有的证据表明，在英国国民健康保险发现的基础上提出的提议，可能具有更广泛的适用性。它们可能真的能成为将内部合同作为一类而进行公法规制的基础。就这一问题而言，是迫切地需要进行进一步研究的。

更广泛的含义之二：外部合同

本书有关政府内部合同适用公法规则的提议，引起了更宽泛的问题，即政府与私有企业签订的外部合同是否可以适用相似的公法规制机制。很明显的是，这个问题过于复杂而不能在这里得到解决，但仍值得对其进行考虑以确定由本研究而引出的更广泛的研究日程。要研究这个问题，就必须探讨两个关键的问题：政府外部合同的当事人是否会遇到与英国国民健康保险合同中相似的问题，如果会遇到，那么适用公法来解决这些问题是否合适。

实际相关性

由于篇幅所限，本研究不能对以下问题进行穷竭性的研究，即检验英国国民健康保险的提议与第一章所描述的所有类型的外部合同之间的相关性。相反，本节将会探索采购和民间融资计划中的一系列例子，其中本研究的提议似乎有一定的可适用性。当然，必然会存在很多相反的例子：第二章描述了内部合同与私法上的合同之间的不同点。因此，本节的主张并非是英国国民健康保险的提议能适用于所有的外部合同；相反，本节主张的是，有证据表明这一问题是值得进一步研究的。

第六章主张，购买方应当考虑其合同问责程序是否会产生与其他问责机制，合同的或者其他的，之间的重复。如果重复了，他们应当评估节省时间与对特定问题适用特定的问责程序之间优势的平衡。目前，这些原则与中央政府的采购具有相当高的相关性。传统上，采购是授权给部门的。这意味着，即使所有或者大多数部门都需要同一种供给，比如设备，这种供给也是分别购买的。近期的《格申评论》（财政部1999b）发现，一些部门要比得到最优价格的部门多支付66％的电费和140％的天然气费。《评论》因此建议设立英国商务部，其职能之一就是，当各部门的需求能够集合时，代表这些部门进行采购。而当部门的需求更为特别时，虽然他们也必须遵守一个常规的采购程序（由政府商业办公室设计），但他们仍能自行采购。集合有两个优势：它能够避免各部门分别对价格和质量标准进行谈判，因而避免了不必要的重复努力的付出；它能够通过提高政府的谈判权使政府获得更物有所值的东西。这也正是运用费用负责制团体的优势，并且从某种程度上说，在英国国民健康保险中，这种团体"主持"着有关采购的安排。

　　第七章讨论了程序公正的问题。有趣的是，虽然政府采购和民间融资计划指导的确涉及合同协商和管理程序，但它并没有明确地关注程序公正的问题（比如，见财政部 1997a；Treasury Taskforce（undated））。尽管如此，也有迹象表明本研究的提议仍具有相关性。英国国民健康保险研究中使用的硬性和软性模式，来源于有关商人之间合同关系的更一般的法律社会学文献（Fox 1974；Macneil 1974；Sako 1992）。合同管理指南确认了政府合同中也可能有类似的关系（财政部 1997a：para. 4.5），该指南陈述了两种极端情形，称为"合作关系"和"远距离关系"。这两种极端之间的选择，据称也受到类似于法律社会学文献中确定的一些因素的影响（比如，Williamson 1979），比如关系的本质和衡量履行的难易程度。此外，指南表明在缔约程序中，这两种极端情形代表着不同的行为类型。比如，"开放式"与"正式"的管理风格，在前者中，提供方会共享成本信息，购买方会披露预算，而在后者中，当事人不愿意共享这些信息（财政部 1997a：4.14）。这与英国国民健康保险数据所提出的程序公正原则也有着密切的关联：当当事人之间是软性关系时，他们会愿意共享信息；当他们之间是硬性关系时，他们至少会回应有关信息的合理要求。

　　更显著的可能是，尤其是在民间融资计划指南中有一则强有力的信息，即很多政府的合同关系，实际上都是复合的或者中间的（财政部工作小组（不定期的））。指南承认民间融资计划的关系是长期的，"合作"方式最可能保证合同的持续成功："因此，目标应当是，建立一个双方公开、全面共享信息、并合力解决问题的关系"（财政部工作小组（不定期的）：para. 3. 1. 8）。尽管如此，指南还指明，购买方的首要目标是确保合同的履行，在适当时坚持其完全的合同权利（财政部工作小组（不定期的）：para. 2. 1. 1）。这表明被采纳的方式并不完全是软性的：虽然一般都强调双方的关系是信任关系，但政府仍保留在重大违约时使用合同制裁的权利。因此，从英国国民健康保险的复合或中间关系中发展出来的程序公正原则，就可能提供一些帮助。比如，英国国民健康保险数据表明，购买方应当确保承包商知道哪些标准将不加协商地以硬性方式实施，并且在承包商被制裁之前，他们应享有举行听证的机会。这些建议可能有助于民间融资计划购买方维持合作关系和维系合同权利之间微妙的平衡。

第八章对内部合同的有效性提出了数个重要的建议。乍一看，这些建议似乎不可能与外部合同相关：一般认为，政府有更优越的谈判权。比如第一章所提到的，因为承包商愿意签署许多条款来确保政府的交易有利可图，所以政府可以用合同来追求非商业目的。但是仔细观察，就可以清楚地发现，政府并不总是能从其相对方处获得他所要求的履行行为。

一个重大的问题就是迟延。最近的英国国家审计办公室有关国防采购的年度报告发现，大多数项目并没有达到在计划的日期开始服务的预期（英国国家审计办公室 2000b：8-11）。采购程序本身的完善可能会解决一些问题：比如，在项目开始前，确保与其他国家合作开发武器的协议是稳固的。但是，被报道出来的完全迟延情形的三分之二都是由技术问题造成的：承包商不能及时完成他所承诺的解决办法（英国国家审计办公室 2000b：10）。政府似乎没有有效的措施迫使合同当事人履行已达成一致的时间表。但迟延并非唯一的问题：在极端的情况下，政府项目可能会完全失败。一个发展福利支付卡和相关电脑系统的合同不得不被取消，因为该项目没有按照计划完成，而且已完成的部分也没有达到购买方的要求（通常地，请见英国国家审计办公室 2000a）。英国国家审计办公室发现了购买方策略中的许多缺陷，比如，购买方完全可以在授予合同之前，要求投标者证明其能力（英国国家审计办公室 2000a：9）。然而，更一般地说，交易的失败表明政府地位较弱：当政府试图主张承包商违约时，承包商的回应是要求比合同规定的更高的价款和更长的履行时间（英国国家审计办公室 2000a：27）。

英国国家审计办公室在提高物有所值上的角色，必然导致他强调购买方可以采取各种步骤以更有效地进行采购。但英国国家审计办公室的提议并没有解决潜在的问题：政府的谈判力较弱。一旦授予了复杂的长期合同，政府就会依赖提供方：当已经安装了一部分新软件时，是很难再更换信息技术提供方的。结果就是，提供方可能会在合同履行中投入最小的努力。此外，这个问题也可能会影响招标阶段的承包商行为。他们可能会为了赢得合同而设定内容过于丰富的条款，因为他们知道在合同履行期间，即使他们不能实现这些承诺，也不会承受有效的压力。

在英国国民健康保险中，购买方使用了各种合同制裁的方法来解决长期合同的履行问题。这些方法在政府外部合同中也得到了运用：每月付款的民间融资计划合同中通常包含一系列与履行相关的因素，承包商只有在设备全部可用并且得到全面维护的情况下，才能得到全额付款（财政部 1997b：para.3.20）。但英国国民健康保险数据表明这个方法也存在一些问题。如果承包商认为制裁并不重大，或者不能轻易地纠正违约行为，制裁将会是无效的，并且可能会对当事人之间的关系造成很大的破坏。这几点都可能有助于政府在其他情形下更有效地使用中间制裁。

但有两点需要注意。第一，如第三章所提到的，政府在外部合同中使用制裁，受到普通法上区分罚金与违约赔偿金的制约。事实上，当一个条款不能被解释为是对当事人可能损失的真正估计时，这个条款将不具有法律执行力（通常地，请见，Treitel 1999：929-37）。这可能会限制政府使用对提供方而言属于重大制裁的能力。第三章提到，在特殊的政府合同情形中，放松这些限制可能才会是合适的。第二，英国国民健康保险合同与上文提到的采购合同不同，因为它们中的大多数都并不是在竞争的条件下被授予的，这使购买方更容易通过罚金条款来保障协议。但当私有企业能够将服务卖给其他购买方时，政府可能就要小心了：过于严厉的罚金可能会使企业不愿意接政府的生意。

总的来说，英国国民健康保险的研究发现，这种保险合同似乎并非与一些已知的政府外部合同完全不符。这并不是意味着英国国民健康保险和政府外部合同必然能适用于所有这样的合同：比如，它们可能不会与雇佣合同或者立法机构的"合同"相关。的确，有待进一步研究的关键问题就是，将外部合同视为一个种类的适当性程度。此外，当然，本节提出的建议是具有推测性的，还有待实证研究的确认，但它们至少表明这一研究是值得进行的。

理论障碍

即使实证研究确认了，对于规制一部分或者所有的政府外部合同而言，这里提出的部分或者全部的规则都是有用的，在建立合同的公法规制之前，仍有一些理论障碍需要克服。此处将指出这些障碍中的一部分，因为它们也属于本研究的重要部分。只是由于篇幅所限，不能进行细节性的分析。

目前，作为本研究主要内容的内部合同，在公法或私法中尚不具有执行力。因此改革的支持者在二者之间进行选择是较为简单的。如第三章所述，考虑到双方当事人都属于公共部门，公法的解决办法是有吸引力的；通过创造性地适用公法，可能会发展出一个更合适的规范性框架；由法院执行是不合适的。但大部分外部合同在私法上都是可执行的，仅在很有限的程度上受到公法原则的制约。对政府合同进行公法还是私法规制的选择，引发了一个情形更为严峻和有争议的有关外部合同的问题。如第一章所述，问题不仅仅是哪种发展模式提供了最有趣的创新的可能性，而且包括了如何区分公法与私法。

戴西（Dicey）（1885）著名的主张之一就是，私法是保护普通公民免受政府过分行为侵害的最佳方法。任何公法的特别系统都必然会授予公共官员一些特权。一些现代学者，著名的就是哈洛（Harlov，1980），正是基于这样的原因而反对发展合同的公法规制。在这一反对面前，本研究的提议中的一些方面可能很容易受到攻击。有人认为内部合同的当事人不应拥有将案件诉诸法院的选择，但是应当能够使用替代性纠纷解决机制。这一提议也可能与外部合同相关联：这类合同中的诉讼是很少的（Turpin 1989），除此之外，各种形式的协商和仲裁在这类合同中也很少有可适用的，而这些协商和仲裁可能可以结合为一个平台，但是这需要（尽可能地）去除承包商现有的诉诸法院的权利，这点至少看上去是在给政府特权：说服承包商说这个平台是中立的，并足以保护他们的利益可能是很困难的。① 而本研究提议的其他方面却能应对对特权的担忧。认真制定的自然正义规则，应当能适用于合同协商和管理的所有阶段，这一主张能够为承包商提供极大的保护。它证明，在用公法作为解决办法和政府特权之间并没有必然联系：这个问题完全取决于公法机制的内容和设置。

发展外部合同的公法规则所面临的另一个理论障碍，可被称为"O'Reilly v. Mackman"案②式的问题。O'Reilly 案使公法的理念为一些评论者所不齿，因为该案笨拙地设法将提出司法审查的申请变为排他性的公法程序（见，比如，Allison 1996：90－100；Oliver 1999：71－93）。它导致了大量的确定边界的诉讼，法院挣扎着对案件做出"公"和"私"的区分，与此同时，诉讼当事人也试图找到能为他们提供最多策略性优势的程序（一般见 Craig 1999：754－83）。如果存在一系列适用于合同的特殊公法规则，相似的问题也会产生。

本书所讨论的内部合同相对容易区分，因为它们每个都是公共部门具体的合同化项目中的一部分：最佳价值，续阶计划等等。然而，即使在这种情况下，分类存在的问题也并非难以置信。比

---

① 为遵守 1998 年的《人权法案》，关键是要确保这一机制符合《欧洲人权公约》的"法律所确定的独立和中立"。

② 1983 2 AC 237.

如，假设政府与一个自治组织签订协议，如果这个自治组织被归类为公共主体，那么可以主张的是这一协议应被视为内部合同。① 内部合同的仲裁者需要决定，是否将协议的机制扩大适用于合同化项目，如果决定扩大适用，那么应当基于何种标准。有两点可以解释为什么外部合同产生的分类问题更多。第一，正在考虑的合同并不必然地属于公认的合同"项目"的一部分。因此，合同的公私本质可能就完全取决于对购买者②是公还是私的分类。在判断一个主体是否属于"公共的"的问题上，英国法有几种不同的判断方法：欧洲公共采购机制③，更一般意义上的欧盟法④，1998年人权法案⑤以及为国内法中司法审查的目的（关于这一点见Craig 1999：754 - 83）。但所有这些判断方法的适用都是不确定的。第二，对私有企业而言，法律适用的不确定性尤其不具有吸引力。虽然与政府的交易是有利可图的，但许多企业是不愿承受发生纠纷时对法律的适用进行额外诉讼的风险的。⑥ 在公共部门内部，当利润没有风险时，这样的不确定性也是有不便之处的，但并非是过分的不方便。然而，这些问题可能也并非不能解决。选择之一，就是为受到公法规则规制的签订合同的主体制定一个法定列表（一如前面提到的1967年《议会专员法案》），这一做法具有实践上的吸引力，虽然从理论上说并不让人满意。当然，列表

① 如第一章所提到的，法院已将一些自治机构归类为公共主体，以便于进行司法审查：R v. Panel on Take-overs and Mergers, ex p. Datafin, 1987 QB 815。但不是所有的自治组织都被这样分类：比如，见 R v. Disciplinary Committee of the Jockey Club, ex p. Aga Khan, 1993 1 WLR 909。相关讨论见 Craig（1999：774 - 8）。

② 在一些情形下，公共主体可能为私有企业提供服务，但他们的角色通常是购买者。

③ 比如见，1995年《政府采购合同规定》第3条（SI 1995/210）。

④ 一个主要的判例（在指令产生直接影响的情形下）就是 Foster v. British Gas（ECJ Cas案 e C-188/89），1990 ECR 3313。

⑤ 法案的第六部分区分了公共主体和履行公共职能的私人主体，前者所有的职能都由法案规定，后者的公共职能也由法案规定。尚不明确的是法院将如何适用这一区分（一般见，Craig 1999：563 - 7）。

⑥ 1997年《地方政府（合同）法案》的实施，回应了 Credit Suisse v. Allerdale BC，1997 QB 306，也反映了确定性在这一领域中的重要性。

的内容还有待决定，但这是议会、而非承包商和公共主体的事。

主张运用公法规制政府外部合同将会非常有争议。而合同当事人遇到的问题的种类，以及公法规则在解决这些问题上的提议，都有待实证证据的支持。其支持者需要证明，相对于私法，公法提供了更好的有关规制和执行的选择。支持者们还需要找到克服障碍的方法：证明他们的提议不仅仅是赋予了政府多于承包商的特权，还确定了这些提议适用的范围。这些任务都不简单，但它们提出了有关发展一个现代的、综合性的公法体系，和有关公私法的关键性区分的根本问题。深入研究这些问题是非常重要的。

前进之路

产生于本研究的研究日程有五个重要的部分。本章讨论过的前两个部分，运用了英国国民健康保险数据作为进一步实证研究的起点。一个涉及测试英国国民健康保险提议对其他内部合同的适用性，以判断它们是否能够为《内部合同法案》提供适合的基础。另一个是调研将本研究发现适用于政府与私有企业的外部合同的可能性。

其他三部分发展并补充了本书的方法论。本书的方法论专注于公法内的一个指导性政策：将合同作为提供方对购买方的公平有效的问责机制来发展。因此研究日程的第三部分就是，其他公法原则和政策在内部合同中的适用。比如，合理预期原则可用来赋予公众成员一项权利，即要求在当事人修改内部合同条款之前进行咨询。第四部分，本研究选择公法作为内部合同规则的最佳来源，这一选择有待进一步的研究来检验。对那些主张维持并发展特殊的公法体系，与强调公法与私法有共同价值的人之间的争论而言，这些提议提供了一个有用的平台。第五部分，需要进行比较的工作。合同化并非英国独有，许多发达国家都出现了不同形式的"新公共管理"，因而可以学习其他法律体系规制和执行内部合同的方法。

怀疑论者可能会问，这样的研究有什么实际价值。内部合同（以及很大程度上的外部合同）是政府有大量自由裁量权的领域。无论实质性的提议多么有吸引力，没有哪个政府会愿意主动进行法律规制，除非他承受着很大的压力。此外，这样的压力来自哪里尚不清楚：从某种程度上说，内部合同的当事人都是"政府"机构，都不可能施加改革的压力。虽然议会，尤其是特别委员会，已经表达了对合同化的担忧，但他还没有考虑通过法律规制来解决政策问题的可能性。但这正是需要对政府合同进行学术研究的原因。文献中的争论应提出具体、强有力的提议，以反过来引起政策制定者之间的争论。

当然，支持对政府合同的规范框架进行进一步研究，并不是说合同化的政策不应当受质疑。许多评论者都关注着它的劣势，它对设定绩效目标的强调可能会导致对可量化问题的关注，却没有考虑到公共服务提供的复杂性。它对企业和竞争的强调，可能会削弱员工的公共服务意识，降低他们对公共利益价值的承诺，增加他们做出有风险的行为甚至舞弊的机会。但内部和外部的合同化政策，都已被两大主要政党采纳并发展。这使人难以想象抛弃政府合同的后果：它明显已不再是保守党执政所独有的。由于合同化明显是要继续的，仅关注它的缺陷已经不够了，于是就需要一种新的学术研究：接受合同化的不可避免性，并为改革做出积极、具体的提议。

本书就是回应这一需求的首次尝试。本书已经发展出一个公法框架，将内部合同作为公平有效的问责机制进行规制和执行。还确定了进行深入研究的有挑战性的日程。现如今，政府内部合同是实施政策和提供服务的主要方式，它们愈发创新和扩张的使用所造成的担忧，都是相关法律机制的薄弱所造成的。并非所有的人都赞同本书提出的改革提议，但如果它们能启发人们进行更多的争论，那么本书就成功了。

图书在版编目（CIP）数据

社会责任：合同治理的公法探析/（英）戴维斯（Davies，A. C. L.）著；
杨明译.—北京：中国人民大学出版社，2015.1
（法学译丛·规制、竞争与公共商事系列）
ISBN 978-7-300-19932-0

Ⅰ.①社… Ⅱ.①戴…②杨… Ⅲ.①合同法-研究 Ⅳ.①D912.290.4

中国版本图书馆 CIP 数据核字（2014）第 312587 号

"十二五"国家重点图书出版规划
法学译丛·规制、竞争与公共商事系列
社会责任：合同治理的公法探析
［英］A. C. L. 戴维斯（A. C. L. Davies）　著
杨 明 译
Shehui Zeren：Hetong Zhili de Gongfa Tanxi

出版发行	中国人民大学出版社			
社　　址	北京中关村大街 31 号	**邮政编码**	100080	
电　　话	010 - 62511242（总编室）	010 - 62511770（质管部）		
	010 - 82501766（邮购部）	010 - 62514148（门市部）		
	010 - 62515195（发行公司）	010 - 62515275（盗版举报）		
网　　址	http://www.crup.com.cn			
	http://www.ttrnet.com（人大教研网）			
经　　销	新华书店			
印　　刷	北京鑫丰华彩印有限公司			
规　　格	155 mm×235 mm　16 开本	**版　　次**	2015 年 6 月第 1 版	
印　　张	14.25 插页 2	**印　　次**	2015 年 6 月第 1 次印刷	
字　　数	179 000	**定　　价**	45.00 元